Leonhard Kirchrath

Li romans de Durmart le Galois in seinem Verhältnisse

zu Meraugis de Portlesguez und den Werken von Chrestiens de Troies

Leonhard Kirchrath

Li romans de Durmart le Galois in seinem Verhältnisse
zu Meraugis de Portlesguez und den Werken von Chrestiens de Troies

ISBN/EAN: 9783743483354

Hergestellt in Europa, USA, Kanada, Australien, Japan

Cover: Foto ©Thomas Meinert / pixelio.de

Manufactured and distributed by brebook publishing software
(www.brebook.com)

Leonhard Kirchrath

Li romans de Durmart le Galois in seinem Verhältnisse

AUSGABEN UND ABHANDLUNGEN

AUS DEM GEBIETE DER
ROMANISCHEN PHILOLOGIE.

VERÖFFENTLICHT VON E. STENGEL.

XXI.

LI ROMANS DE DURMART LE GALOIS

IN SEINEM VERHAELTNISSE ZU

MERAUGIS DE PORTLESGUEZ UND DEN WERKEN CHRESTIENS DE TROIES.

VON

LEONHARD KIRCHRATH.

MARBURG.
N. G. ELWERT'SCHE VERLAGSBUCHHANDLUNG.
1884.

Seinem lieben Bruder

Lehrer Peter Kirchrath

gewidmet

vom Verfasser.

Einleitung.

In den literargeschichtlichen Bemerkungen zu seiner Ausgabe des Durmart hat Professor Stengel schon S. 501 die Ansicht ausgesprochen, dass der Verfasser dieses Romanes einer einfachen unbekannten Vorlage folgend viele Züge aus anderen Dichtungen entlehnt, für seine Zwecke verwerthet und umgestaltet habe. Besonders verweist er S. 502 auf Chrestien von Troies und führt als Belege dazu an Durmart v. 2313 ff.[1]), v. 4185 ff., v. 9996 ff., v. 1505 und v. 15555 ff., die beziehungsweise an Erec v. 560 ff., den Eingang des Chevalier à la charette, Conte del Graal (vgl. Holland, Chrestien de Troies (p. 202) und Gawain (ib. p. 204) erinnern. Auch Foerster hat im Jahrbuch XIII. S. 197 diese Verwandtschaft unseres Dichters mit Chrestien angedeutet. An der betreffenden Stelle sagt er: »Ein besseres Mittel (sc. für die Bestimmung des Alters unseres Gedichtes) ist die Vergleichung mit Chrestien de Troies und Raoul de Houdenc; Unser Dichter« — fährt er fort — »steht unbedingt ersterem näher als letzterem, der bereits die höfische Kunst im Verfalle zeigt«[2]). Der Einfluss Chrestiens[3]) erstreckt sich

---

1) Vgl. II. Theil der Abhandlung 7.
2) Vgl. II. Th. der Abhandlg. Schluss.
3) Vgl. Holland, Chrestien von Troies, Tübingen 1854 p. 1—14 u. p. 257 und ten Brink, Geschichte der engl. Lit. p. 220 sowie Potvin, Perceval le Gallois VI p. LX Append.

indessen auf eine nicht unbedeutende Zahl späterer Dichtungen, und es dürfte kaum möglich sein, die Zeit der Abfassung dieser letzteren und überhaupt deren literarischen Werth aus einer blossen Vergleichung mit den Werken Chrestiens richtig zu bestimmen. Es bleibt nämlich zu berücksichtigen, was sich auch aus unserer Untersuchung für Durmart ergeben dürfte [1]), dass der Einfluss Chrestiens bei einem Theile der späteren Dichtungen auf indirektem Wege durch zweite, dritte Hand vermittelt wurde. Freilich ist es schwer, bei der unter jenen Dichtern üblichen Gewohnheit, schon vorhandene Werke frei zu benutzen, einzelne Gedanken und ganze Episoden zu entlehnen und nur umzuarbeiten, immer bestimmt entscheiden zu können, welcher Vorlage sie unmittelbar folgten, zumal wörtliche Entlehnungen keineswegs so häufig sind, als man aus dem angeführten Grunde anzunehmen versucht sein könnte. Das einzige relativ sichere Mittel, welches uns bleibt, um richtig zu bemessen, wie viel diesen Dichtern als Eigenthum angehört, ist das, was Professor Stengel (p. 509) auch zur Ermittelung des literargeschichtlichen Werthes des Durmart anempfiehlt, die Vergleichung mit Gedichten verwandten Inhaltes. Unter den Werken, welche unverkennbar den Einfluss Chrestiens zeigen, ist auch Raoul de Houdenc's Meraugis de Portlesguez zu nennen, wie schon der Herausgeber Michelant in der Vorrede p. XII bemerkt. Bei der genaueren Lektüre des Meraugis fielen mir aber auch einige Züge [2]) auf, die mir früher schon im Durmart begegnet waren, und die auf ein näheres verwandtschaftliches Verhältnis dieser beiden Dichtungen hinzudeuten schienen. Dieses Verhältnis näher zu beleuchten ist Zweck des ersten Abschnittes vorliegender Untersuchung. Ein zweiter Abschnitt soll den Einfluss Chrestiens auf Durmart nachweisen. Jener Zerfällt in zwei Theile entsprechend den beiden Fragen, welche wir uns, um zu einem bestimmten Re-

---

1) Vgl. II. Th. 7.
2) Vgl. I. Th. (B. C. u. D.).

sultate zu gelangen, vorzulegen haben, nämlich erstens: »Sind die in beiden Gedichten sich findenden übereinstimmenden Züge derart, dass sie die Annahme der Abhängigkeit des einen Verfassers von dem anderen zulassen und zweitens: »Welches der beiden Gedichte bildete die Vorlage. Zur Beantwortung der ersten Frage wird es nöthig sein, beide Gedichte in Bezug auf ihre Tendenz, Disposition und Ausführung genauer zu untersuchen und die gemeinsamen Züge besonders hervorzuheben. Zur Beantwortung der zweiten aber werden wir einzelne Abweichungen in der Ausführung und Darstellung der gemeinsamen Züge näher ins Auge fassen, und, wo es nöthig, andere Gedichte, in denen sich dieselben finden, nämlich Erec[1]) und Desconneus[2]) zum Vergleiche herbeiziehen müssen.

1) Vgl. II. Th. 6.
2) Vgl. II. Th. 6. Anmerk. 2.

I.

Li romans de Durmart in s. Verhältnis zu Meraugis.

Theil I.

Vergleichung beider Gedichte.

A. Tendenz.

Bevor wir zur Darlegung der Tendenz beider Gedichte schreiten, müssen wir einige allgemeine Bemerkungen vorausschicken. Es ist bisher mehrfach die Frage berührt worden, ob bei dem Ritter- und Abenteuerroman der mittelalterlichen Blütezeit überhaupt von einer demselben zu Grunde liegenden tieferen Idee die Rede sein könne, oder ob derselbe nicht vielmehr ein aus einzelnen nur lose, ohne tiefangelegten Plan und künsterische Anordnung an einander gereihten Abenteuern bestehendes Ganze bilde. Zu einer übereinstimmenden Entscheidung hierüber ist man noch nicht gelangt [1]). Eine streng logische Durchführung eines Grundgedankens in der Weise, dass alle Begebenheiten durch denselben motiviert erscheinen, dürften wir in jenen Dichtungen vergebens suchen [2]). Indess dürfen wir an sie doch keineswegs denselben Massstab anlegen, welchen wir an Kunstwerke unserer Zeit anzulegen gewohnt sind. Denn erstens

---

[1]) Vgl. Heinrich Goossens: Ueber Sage, Quelle und Composition des Chev. au lyon des Chrest. de Tr. (Paderborn 1883) p. 39 ff. u. p. 43 ff.

[2]) Vgl. M. Carriere: »Die Kunst im Zsammenhang der Culturentwicklung u. die Ideale der Menschheit. B. III, 2. Abtheilg. p. 311 ff. 2. Auflage 1872.

war das Kunstgefühl bei jenen Dichtern noch nicht hinreichend ausgebildet, und zweitens war ihnen die Dichtkunst häufig genug nur Mittel zum Zwecke, und dieser legte ihrer Kunst Zwang auf. Der Dichter musste Rücksicht nehmen auf die Anschauungsweise seiner Zuhörer. Diese waren aber in erster Reihe die Ritter Daher in jenen Romanen die Einschiebung von Abenteuern und Episoden, die zum Theil mit der ihnen zu Grunde liegenden Idee in keinem innern Zusammenhange stehen. Mit dieser Beschränkung können wir aber, und mit grösserem Rechte als bei den meisten ähnlichen Gedichten von einem leitenden Grundgedanken, bei Meraugis de Portlesguez und Durmart le Galois sprechen.

Mit Recht wird Meraugis de Portlesguez in der Histoire littéraire de France [1]) als ein Roman d'aventures bezeichnet, und wohl nur, weil dem Verfasser blos der von Adalb. Keller[2]) abgedruckte Eingang des Gedichtes bekannt war, findet sich am Schlusse (p. 870) die zweifelnde Vermuthung: »il semble par le début, que cette composition se rapporte plutôt au cycle de la Table ronde qu'elle n'est un roman d'aventures«.

Denn obwohl sich dieses Gedicht an den Sagenkreis des Königs Artus anschliesst, indem mehrere Ritter der Tafelrunde in ihm auftreten und einer derselben sogar den Haupthelden bildet, zeigt es doch im allgemeinen nur wenig sagenhaften Hindergrund, und fast alle dem Helden beigelegten Abenteuer[3]) scheinen Erfindung des Dichters zu sein. Ebenso wie sein Roman des Eles[4]) bezweckt auch der Meraugis nichts als eine Verherrlichung des ritterlichen und höfischen Lebens. Treffend

---

1) tome XXII. p. 868—870.
2) A. Keller, »Romvart p. 588 - 604 enthaltend v. 1—396) entsp. Ausg. Michelant p. 1—21.
3) Die Episode des Kampfes mit Mares des Gardeis (Ausg.)p. 152 - 153) vgl. F. Wolf: »Ueber Raoul de Houdenc und insbes. s. Roman. Meraugis de Portlesques« (Denkschr. der kais. Acad. d. Wissensch., Wien Phil.-hist. Klasse XIV. 1865) p. 187. u. II. Theil der Abh.
4) Scheler: »Trouvères belges« (Nouv. Serie) p. 248—271.

hat Huon de Mery in seinem Tournoiement de l'Antechrist [1]) den Hauptinhalt des Gedichts, aus welchem wir auch schon zum Theil die den Dichter bei der Abfassung seines Werkes leitende Tendenz entnehmen können, mit folgenden Versen wiedergegeben: »*Gauvans Cadrus et Meraugis Ont fait de leur gent deux parties, Et orent armes my parties De beauté et de courtoisie, Pour la tençon de leur amie Qui ot nom la belle Lidoine*«.

Courtoisie nämlich und prouesse, höfisches Benehmen und persönliche Bravour, sind es, welche dem Dichter als die lobenswerthesten Tugenden und höchsten Ziele des Ritterthums gelten[2]). Ja er wünscht sich nur solche Zuhörer für seine Geschichte, die diese beiden Tugenden besitzen, indem er sagt p. 2, 20 ff. *Nuls s'il n'est cortois et vaillans N'est dignes du conte escouter Dont je vous voil les mots conter*.

In nicht ungeschickter Weise hat er verstanden, seiner Anschauung Ausdruck zu verleihen und sie in das Gewand eines ansprechenden Gedichtes zu kleiden. In der Einleitung desselben macht er uns mit Lidoine bekannt, die er als das Ideal einer ritterlichen Minne darstellt. Nicht blos die körperliche Schönheit preist er an ihr, sondern weit mehr die geistigen Vorzüge besonders die cortoisie vgl. p. 6, 8 ff. »*S'en la damoisele ot biauté Plus i ot sens et loiauté Qu'elle fu tant preus et cortoise Qu'anviron lui à une toise N'avoit se cortoisie non*«.

Die treffende Parallele zu Lidoine bildet Meraugis, er ist der würdige Repräsentant der wahren Ritterlichkeit. Als solcher erscheint er uns schon gleich bei seinem ersten Auftreten, und als solcher bewährt er sich in allen seinen Abenteuern. Denn dadurch, dass Meraugis Lidoine nur wegen ihrer cortoisie seine Liebe weiht, während dagegen sein Neben-

---

1) Tournoiement de l'Antechrist ed. Tharbé.

2) Im »Roman des Eles« preist Raoul Largesse und Cortoisie als die beiden Flügel der Prouesse, jeder der Flügel bestehe aus sieben Federn d. h. Tugenden. Alle diese Vorzüge müsse ein wahrer Ritter in seiner Person vereinigen.

buhler Gorveinz Cadrus nur für ihre körperlichen Reize in
Leidenschaft entbrennt, und dadurch dass jener die gefährlichsten
Abenteuer zu unternehmen bereit ist und wirklich besteht, um
sich die Dame seines Herzens p. 7, 3 . . *qui fu La plus
vaillante et la plus sage, Que l'on trovast jusqu'en Cartage* zu
erringen, vereinigt er in seiner Person jene beiden Tugenden,
die (nach der Anschauung des Mittelalters) den wahren Ritter[1])
ausmachen, cortoisie und prouesse in höchster Voll-
kommenheit. So ist es Raoul gelungen, in Meraugis einen
Helden zu schaffen, der als das Ideal eines Ritters gelten soll
und zugleich ein Beispiel aufzustellen, wie auch die wahre
ritterliche Minne nur in der Cortoisie wurzeln müsse, und
wie nur diese ein Anrecht darauf habe den herrlichen Lohn
reiner, hoher Minne zu empfangen.

Die Tendenz, welche Durmart zu Grunde liegt[2]), bezeichnet
Professor Stengel (p. 509) kurz und treffend als die Versöhnung
des mittelalterlichen Ritterthums mit der christlichen Moral.
Auch dem Verfasser des Durmart sind Tapferkeit und höfisches
Benehmen die ersten Tugenden, nach welchen ein Ritter streben
soll. So sagt er u. a. v. 1446 *uns avers mal entechies Est de
mainte chose blasmes Dont uns cortois seroit loes. Mains hom
par sa malvaise teche Pert bien grant cri de sa proece* und in
ähnlichem Sinne v. 9669 *Bons chevaliers d'armes prisies Doit
estre molt bien entechies; Car o la grant chevalerie Siet molt
bien la grans cortoisie.*

Doch überall sucht der Dichter die Bethätigung dieser
Tugenden mit der christlichen Anschauung in Einklang zu
bringen. Durmars, der ein trefflicher Ritter zu werden verspricht, kommt zu seiner weiteren Ausbildung in den ritterlichen
Künsten zu seines Vaters Seneschal (176). Durch die Reize
der jungen Gemahlin desselben gefesselt, besitzt er nicht die

---

1) Vgl. K. Bartsch: »Die Formen des geselligen Lebens im Mittel-
alter«, in seinen gesam. Vorträgen VII.
2) Vgl. Abschnitt II. Theil I.

Kraft der Versuchung zu widerstehen (400), und führt nun, drei Jahre in den Banden einer unwürdigen Liebe schmachtend, eine Lebensweise, die bei allen Edeldenkenden Anstoss erregt (v. 436). Doch endlich gewinnt seine bessere Natur wieder die Oberhand; die guten Lehren, die ihm sein Vater ins Herz gepflanzt, sind nicht alle auf unfruchtbaren Boden gefallen. Das Unwürdige und Sündhafte seiner Handlungsweise einsehend kehrt er Besserung gelobend zu seinen Eltern zurück, die sich ob der Sinnesänderung ihres Sohnes freuen[1]) und denselben in seinem Entschlusse bestärken. Ohne Säumen sucht er auch seinen Vorsatz zur Ausführung zu bringen. Wie es sich für einen Ritter ziemt, zieht er zur Bestehung kühner Abenteuer aus (1496). Doch nicht blosser Thatendurst drängt ihn dazu, sondern er will sein früheres Leben sühnen, und stets sind es

---

1) Im Jahrb. XIII (Neue Folge I) p. 74 sagt Foerster: »Der König freute sich darob, dass er (Durmars) die Geliebte verlassen, jedoch nicht der Ehebruch war es, der den Vater empört hatte, sondern die Mesalliance«. Dies könnte man allerdings aus den vv. 858—875 schliessen, aber aus dem ganzen Zusammenhange der Darstellung geht das keineswegs hervor. Josefenz hat nämlich schon vorher seinem Sohne das Verbrecherische seiner Lebensweise aufs eindringlichste vorgehalten, v. 471 sagt er: *Tu fais pechie molt desloial De la femme le seneschal Que tu tiens, molt m'en esmervel.* Diese Moralpredigt hat aber bei dem jungen Ritter nichts gefruchtet. Und wenn nun Durmars endlich doch zu seinen Eltern zurückkehrt mit dem ernstlichen Versprechen ein tapferer Ritter werden zu wollen, so müssen wir es als psychologisch motiviert betrachten, dass Josefenz diejenige Saite in dem Herzen seines Sohnes anschlägt, an welchen dasselbe am leichtesten zu fassen ist, nämlich an seiner Ehrliebe. Indem er jedoch den Ehrgeiz desselben anstachelt, nach einer höheren, würdigeren Minne zu streben, bestärkt er ihn zugleich in dem Vorsatze, sein früheres Leben wieder gut zu machen. Die erste That, die Durmars hierauf ausführt — dass er nämlich seinen Vater bittet, den Seneschal mit seiner Gattin wieder auszusöhnen — sie ist auch der erste Schritt zur Sühnung der begangenen Fehler. Dieser Auffassung entspricht die Lehre, welche Josefenz seinem Sohne mit auf den Weg gibt, nämlich nicht blos die ritterlichen, sondern auch stets die christlichen Tugenden zu üben: v. 1451 *Gardes, que ja n'aies faintise — D'onorer deu et sainte glise; Quar sens deu amer et cremir Ne puet nus a grant bien venir.*

sittliche Motive, die ihn bei seinen späteren Thaten und Handlungen leiten. Niemals ist er der Angreifende, wenn es sich um seine Person handelt. Im Kampfe mit Nogant (v. 2812) sowohl wie mit Cladain (v. 10100) vertheidigt er nur seine Ritterehre. Den Schwächeren aber gewährt er stets seine Hülfe, wie seine Thaten im Dienste der Frauen beweisen. Für die Ehre der schmachvoll im Stiche gelassenen Königin von Irland tritt er ein im Tourniere Kardroains (v. 2506—2660), der treuen Pflegerin im rothen Zelte stattet er seinen Dank ab, indem er ihren Geliebten aus der Gefangenschaft befreit (v. 3500—3572), den Entführer der Königin Ginevra, Brun von Morois, zwingt er, dem Könige Artus seine Gattin wieder zurückzusenden und dessen Versöhnung zu erbitten (v. 4857), den fünf Frauen im Walde aber wird er zum Retter in der Noth, indem er die Raubritter züchtigt (v. 5600—5676). Als speciel christlicher Ritter bewährt er sich im Kampfe gegen die heidnischen Könige, welche Rom belagert haben (v. 15770 ff.) Den Ueberwundenen gegenüber zeigt er sich stets mild. Einen ähnlichen Zug, wie im Meraugis, wo der Held seinem Gegner die Hand abschlägt als Ersatz für das geraubte Auge des Freundes, finden wir im Durmart nicht, es liesse sich auch nicht mit der Tendenz desselben vereinbaren. Dieser aber entspricht es vollkommen, wenn der überwundene Fel de la Garde dem Helden verspricht, seine früheren schlechten Thaten wieder gut zu machen und fernerhin ein besseres Leben zu führen v. 3593 *»Ma felenie guerpirai, Ne jamais rien ne forferai Vers gentil home en mon vivant, Se ce n'est sor moi defendant«* und ebenso, dass Creoreas seine bisherige Verächtlichkeit eingestehend für die Zukunft Besserung gelobt: v. 5694 *»Ains de mal faire ne fui las, Mult sui cremus et loins et pres«* v. 5698 *»N'ai voisin dont je soie ames. Mais loiament le ves creant, Prodom serai d'orenavant«.*

Schliesslich stimmt es in derselben Weise mit der Tendenz des Gedichtes überein, wenn Bruns von Morois, um sich den Helden günstig zu stimmen und sein Leben zu retten, an sein bisheriges, unbescholtenes Leben erinnert, das wohl der Gnade würdig sei v. 4803 *»Doit on aver de moi pite, Je n'aimai onques mauvaiste.*

Wenn aber der Dichter doch mit einer gewissen Vorliebe bei der Schilderung von Kampfscenen verweilt, so ist hierin wohl der Einfluss früherer Dichtungen zu sehen, oder auch das Streben den Anforderungen seiner Zeit wenigstens zum Theil gerecht zu werden. Beständig aber schweben ihm doch die Lehren der christlichen Moral vor Augen, was sich am deutlichsten durch die vielen eingestreuten Sentenzen bekundet (vgl. Ausg. p. 514—518). Ebenso wie im Meraugis liegt auch in der einleitenden Bemerkung des Durmart die Tendenz des Gedichtes versteckt enthalten, aber hier im Gegensatze zu jenem die moralisierende Richtung. Von einer solchen ist im Meraugis nicht die geringste Spur zu finden, und die wenigen Sentenzen[1]), denen wir gelegentlich begegnen, die auch in ihrem Tone wesentlich von denen des Durmart abweichen, schliessen jegliches Moralisieren aus. Zur Vergleichung seien sie kurz angeführt: p. 59,23 *Savoir vaut miels que oïr dire.* — p. 106,12 *N'est si haut bois qui n'ait buscille.* — p. 151,15 . . . *Assez puet querre Qui Paris quiert en Engleterre.* — p. 162,15 . *nuls ne doit comencement Prisier, dont la fin est mauvaise.* — 211,8 . *cil est fox qui fet folie.*

Aus dem bisher Gesagten dürfte schon zur Genüge hervorgehen, dass beide Dichter zwar eine Person desselben Standes zum Träger ihrer Anschauung gemacht haben, und diese auch bei beiden zum Theil eine ähnliche ist, dass aber dagegen ihre

---

1) Die Zahl der im Meraugis sich findenden Sentenzen ist auffallend gering im Verhältnis zu denen der nahestehenden Romane. Zum Vergleiche diene das Verzeichnis derselben aus Desconneus und Erec (letzteres, weil bei Grosse, Französ. Stud. I, 2. Heft unvollständig) Desc.: 805, 486 785, 826, 904, 1209, 1234, 1250, 1717, 2148, 3086, 3680, 3734, 3741, 3780, 3791, 4591, 4742—4763, 4836, 5301, 5301, 5340, (217* = Cléomadès 2019, 2350) Erec: 1 - 3, 225, 504, 1012, 1217, 1550, 1785, 2598, 2696, 2810, 2926, 3334, 3368, 4186, 4391, 4414, 4529, 4594, 4761, 5541, 5529, 5707, 5783, 5871, 5875, 6011, 6479, 6569, 6572.

Tendenz als eine wesentlich verschiedene aufzufassen ist[1]). Wir werden uns daher bei der Vergleichung auf eine genauere Betrachtung der Disposition, äusseren Anlage und Ausführung beschränken müssen.

B. Disposition.

Versuchen wir zunächst eine Disposition des Ganzen beider Gedichte zu geben, so zeigt die gleiche Eintheilung in derselben eine Aehnlichkeit, die auf den ersten Blick allerdings als zufällig angesehen werden könnte. Beide Gedichte zerfallen in drei Theile in: 1) einen einleitenden Theil,
2) die eigentliche Erzählung,
3) den Schluss.

— Dass meist in ähnlichen Gedichten und so auch in unseren beiden der Dichter dem Ganzen eine einleitende Bemerkung an seine Zuhörer vorausschickt, bedarf kaum der Erwähnung. — Lassen wir vorerst den zweiten Theil ausser Betracht, so versucht Raoul in der Einleitung des Meraugis uns ein genaues Bild von der hervorragenden Schönheit Lidoinens zu geben (p. 3—35), während der Dichter des Durmart im entsprechenden Theile (v. 92—1068) die Jugend seines Helden schildert. Inhaltlich haben somit beide nichts mit einander gemein. Eine formelle Aehnlichkeit jedoch zeigt die auch hier zu bemerkende Gleichtheiligkeit, wie sich aus einer Gegenüberstellung ergibt:

Meraugis Einleitung. 1.) Beschreibung und Aufzählung der geistigen und körperlichen Vorzüge Lidoinens (p. 3—8,4)
2.) Anerkennung ihrer unübertroffenen Schönheit durch die Ertheilung des Preises beim Tourniere zu Lindesores (p. 8,5—21)
3.) Die Wirkung, welche sie auf die Herzen zweier hervorragenden Ritter macht, die aus innigen Freunden Feinde werden.

Ebenso lassen sich in der Beschreibung der Jugend Durmarts drei verschiedene Phasen deutlich unterscheiden: 1.) Das unbesonnene und leichtsinnige Leben Durmarts bei dem Seneschal der weissen Stadt, von welchem er seine Ausbildung erhalten

---
[1]) Vgl. II. Th. 2.

soll (v. 93—566) 2.) Die Reue des Helden über sein bisheriges eitles Beginnen und Rückkehr zu seinem Vater (v. 700). 3.) Der Entschluss sich durch Bestehung kühner Abenteuer als tapferen Ritter zu bewähren und eine seiner würdigere Geliebte aufzusuchen (v. 1090).

Aus der Vergleichung der drei Theile der Einleitung beider Gedichte ist auch das Uebereinstimmende zu merken, dass der jedes Mal folgende Theil eine gleichmässige Steigerung des vorhergehenden enthält. Setzen wir den Schluss der beiden Erzählungen mit der bezüglichen Einleitung in Verbindung, so sehen wir, dass derselbe das genaue Gegenstück des zugehörigen dritten Theiles der Einleitung bildet. Es schliesst nämlich im Meraugis das Ganze mit der Entscheidung des Zwistes der beiden Nebenbuhler und ihrer völligen Aussöhnung ab (250), im Durmart wird der Held als der vorzüglichste Ritter anerkannt, und er erfreut sich des unbestrittenen Genusses dessen, was er erstrebt und gewünscht hat (v. 14879 ff.).

Betrachten wir nun die Disposition der eigentlichen Erzählung, so treffen wir in derselben Uebereinstimmungen, die schon mit einiger Sicherheit ein näheres Verhältnis der beiden Werke zu einander vermuthen lassen. Uebereinstimmend ist nicht blos die auch hier sich ergebende Dreitheiligkeit derselben, sondern auch der Inhalt der einzelnen Theile selbst, wenigstens des zweiten und dritten Theiles.

Zur Erleichterung der Uebersicht sei die Disposition der eigentlichen Erzählung beider Gedichte kurz gegenüber gestellt.

Meraugis. 1.) Die Fahrt des Helden nach Abenteuern speciell zur Befreiung Gawains, um sich der Liebe seiner Dame, die ihn auf seinem Zuge begleitet, durch ruhmvolle Thaten würdig zu erweisen (p. 61—146). 2.) Verlust der Geliebten und eifriges Bemühen des Helden sie wieder zu finden (p. 147—200). 3.) Wiederfinden derselben in grosser Gefahr und seine Kämpfe zu ihrer Befreiung (p. 212—246).

Durmars. 1.) Das Suchen des Helden nach einer seiner würdigen Geliebten und die Ausführung von Heldenthaten in der Begleitung der Dame des Herzens (v. 1495—3458). 2.) Verlust der Geliebten und erneutes Suchen des Helden nach ihr (v. 3458—10406). 3.) Wiederfinden derselben in grosser Gefahr und Kämpfe gegen ihre Feinde (v. 10406—14879).

Ausser den bereits angeführten übereinstimmenden Momenten ergiebt sich aus dieser Gegenüberstellung auch noch dasselbe, was wir für die Disposition der Einleitung bemerkten, dass nämlich auch hier die einzelnen Theile bis zum Schlusse hin eine gleichmässige Steigerung enthalten.

Die Gleichmässigkeit in der Disposition lässt sich indes noch weiter verfolgen. So können wir im mittleren Abschnitte des Meraugis wieder zwei Unterabtheilungen unterscheiden, die beide durch einen Zeitraum von zehn Wochen getrennt sind. Die erste Abtheilung umfasst die Ankunft des Helden mit Gawain in Handiton (p. 146), seine Trennung von Gawain (p. 151), seinen Kampf mit Mares des Gardeis (p. 153), Verfolgung von l'Outredouté und Ankunft im Schlosse des Karoles (p. 156). Die zweite Abtheilung beginnt mit der Reflexion des Helden über seine Besinnungslosigkeit im Schlosse des Karoles (p. 184) und mit seinem allmählichen Besinnen auf das früher Geschehene (p. 184); hieran schliesst sich sein Zusammentreffen und Kampf mit l'Outredouté (p. 197) und seine Ankunft im Schlosse Monthaut, wohin er als Schwerverwundeter durch Melianz de Lis und dessen Geliebte gebracht wird (p. 200).

Aehnlich lassen sich im zweiten Abschnitte obiger Disposition des Durmart deutlich zwei Unterabtheilungen herausmerken, die durch einen längeren Zwischenraum von einander getrennt sind, und zwar hier durch einen Zeitraum von über vier[1]) Monaten.

Die erste Abtheilung enthält Durmarts Ankunft bei Brun von Branlant (v. 3804), seine Kämpfe mit Brun von Morois (v. 4278) und Creoreas (v. 5600), seinen Aufenthalt im Schlosse

---

1) Vgl. II. Th. 5.

der zehn Jungfrauen (v. 6624) und seinen Sieg im Tourniere zwischen Roche-Lande und Blanches-Mores (v. 8738).

Die zweite Abtheilung bietet die zweite Aufnahme Durmarts bei Brun von Branlant (v. 9100), seine Ankunft bei König Artus (v. 9380) und die Erprobung seiner Tüchtigkeit durch den Zauberstuhl und den Kampf mit Cladain (v. 10260). Eine Ungleichmässigkeit der Disposition lässt sich insofern bemerken, als der Dichter des Durmart die zweite Unterabtheilung unmittelbar an die erste anreiht, während Raoul im Meraugis zwischen beide die Erzählung vom Geschicke der Lidoine einflicht (p. 159—182), nämlich ihre Gefangennahme durch Belchis le Lais (p. 159—162), ihr Hilfegesuch an Gorvein Cadrus durch ihre vertraute Begleiterin Avice (p. 165), Rüstung desselben und Belagerung der Festen Belchis' (p. 174—182).

Fassen wir schliesslich noch den dritten Theil der eigentlichen Erzählung beider Gedichte näher ins Auge, so sind auch hier zwei Theile zu unterscheiden. Der erste umfasst die Ereignisse von der Ankunft des Helden in der Nähe seiner Geliebten bis zum Erscheinen des Königs Artus und seiner Ritter, und der zweite von diesem Zeitpunkte bis zur Entscheidung des Zwistes. Das Erscheinen des Königs Artus bildet gleichsam den Wendepunkt in dem Geschicke des Helden und seiner Geliebten, vermittelt die glückliche Lösung des Ganzen.

Eine solche Gleichmässigkeit in der Disposition kann wohl kaum auf einem blossen Zufalle beruhen. Die Uebereinstimmung wird indess noch auffallender, wenn wir die technische Anlage beider Werke näher in Betracht ziehen.

C. Technik.

Wir haben oben bei der Disposition der Einleitung schon gesehen, wie die einzelnen Theile derselben eine stete Steigerung enthalten, im Meraugis: Schilderung der Vorzüge Lidoinens, allgemeine und öffentliche Anerkennung derselben und die Wirkung, die ihre Person auf die Gemüther zweier Ritter macht, dass dieselben nämlich aus innigen Freunden Neben-

buhler und Feinde werden; im Durmart: Unbesonnene und
leichtsinnige Lebensweise des Helden, seine Reue und Entschluss zur Besserung. Dasselbe gilt, wie ausgeführt wurde,
für die einzelnen Theile der eigentlichen Erzählung. Ferner
bemerkten wir, wie der Schluss das genaue Gegenstück zum
dritten Theile der Einleitung bildet. Diese Uebereinstimmung
in der technischen Anlage lässt sich noch weiter verfolgen.

Zunächst wird in beiden Gedichten der Uebergang von
der Einleitung zur eigentlichen Erzählung auf dieselbe Weise
vermittelt, nämlich durch das Erscheinen eines Boten mit einer
bestimmten Nachricht, wodurch dann der Held zu seinem
Abenteuerzug veranlasst wird (vgl. I. Th. D 1 und II. Th. 6).
Den Schluss des ersten Theiles der Erzählung bildet in beiden
Gedichten die Befreiung eines Ritters aus der Gefangenschaft
(vgl. I. Th. D 9 u. II. Th. 8).

Etwas Aehnliches ist im zweiten Theile der eigentlichen
Erzählung zu constatieren.

Im Meraugis beginnt derselbe nämlich mit der Ankunft
des Helden in Handiton beim Grafen Gladouein, wo jener sich
erst des Verlustes seiner Geliebten bewusst wird und sich nun
zu deren Aufsuchung anschickt (p. 146 ff.).

Im Durmart entspricht diesem Theile die Ankunft des
Helden bei Brun von Branlant (v. 3736), durch dessen Mit-
theilung, dass die Jungfrau mit dem Sperber die Königin von
Irland sei, er erst zu der Kenntnis gelangt, dass er in seiner
Gefährtin, die er im rothen Zelte zurückgelassen, seine Geliebte
verloren hat, die wiederzufinden er sich nun aufmacht (v. 4111).

Der zweite Theil der Erzählung endet im Meraugis mit
dem Kampfe des Helden gegen seinen gefährlichsten Gegner,
l'Outredouté, der allein bis jetzt sich ihm an Stärke und Ge-
wandheit in Handhabung der Waffen ebenbürtig gezeigt hat,
so dass beide schliesslich von Wunden und Blutverlust erschöpft
wie todt hinsinken (p. 198). Auch im Durmart schliesst dieser
Theil mit einem Kampfe des Helden gegen einen ebenbürtigen
Gegner. Durmars kämpft nämlich mit Cladain lange Zeit

vergeblich, so dass, da Artus die Waffen abzulegen befiehlt, der Kampf unentschieden bleibt (v. 10306).

Im dritten Theile der Erzählung beider Gedichte finden wir ganz dasselbe Verhältnis. Durch das zufällige Eintreffen eines Ritters, Melians de Lis, an der Kampfesstätte gelangt im Meraugis im Beginne dieses Theiles der verwundete Held durch die Hülfe jenes Ritters in das Schloss, in welchem sich seine Geliebte befindet (p. 200). In ähnlicher Weise gelangt Durmars im entsprechenden Theile des Durmart durch ein zufälliges Zusammentreffen mit einem Jäger der Königin von Irland in die Nähe seiner Geliebten (v. 10778).

Der dritte Theil endet im Meraugis damit, dass Lidoine Meraugis als Gemahl annehmen will (p. 244) und vollkommen ebenso erklärt sich im gleichen Theile des Durmart die Königin bereit, Durmarts Gattin zu werden (v. 14879).

Neben dieser Aehnlichkeit in der Einführung und Abschliessung der einzelnen Theile sind noch zwei weitere übereinstimmende Momente anzuführen. Zunächst tritt deutlich der beiden Dichtern gemeinsame Zug zu Tage, den Helden in Betreff der Verwirklichung seiner Wünsche möglichst im Ungewissen zu halten; alle Fragen desselben nach dem gesuchten Gegenstande werden entweder nur dunkel oder gar nicht beantwortet. Wir dürfen hierin wohl mit Recht einen nicht ungeschickten Kunstgriff der Dichter erblicken, dessen richtige Verwendung ihnen einen dreifachen Vortheil zu gewähren vermochte. Erstens konnten sie dadurch den Helden, der sich trotz der Schwierigkeiten, die sich ihm bei seinen Nachforschungen in den Weg stellten, nicht von seinem Vorhaben abschrecken lässt, in einem glänzenderen Lichte erscheinen lassen. Zweitens aber erhielten sie die Möglichkeit, ihre Erzählung leichter weiter zu spinnen und die einzelnen Episoden passender aneinander zu reihen. Drittens endlich bot sich ihnen ein treffliches Mittel, auf die Aufmerksamkeit der Zuhörer zu wirken. Das letztere müssen wir wohl als den Hauptvortheil und als denjenigen bezeichnen, welchen die Dichter selbst mit der Anwendung jenes Kunstgriffes beabsichtigten. Denn der Held ist schon ohnedies mit so glänzenden Farben geschildert, dass es kaum noch eines solchen Kunstgriffes bedarf. Was den zweiten Punkt anbelangt, so verfuhren, wie die Dichter jener Zeit, auch unsere beiden Dichter, besonders aber der Verfasser des Durmart, keineswegs immer sehr scrupulös in der Verbindung und Einfügung einzelner Episoden und in der logischen Entwickelung der verschiedenen Begebenheiten. Hierfür zeugt der Umstand, dass wir aus beiden Gedichten leicht Theile ausscheiden können ohne dem Ganzen wesentlichen Abbruch zu thun, sicherlich aber ohne den Gedankengang auch nur im Geringsten zu stören, und ferner dass das Eintreten gewisser Ereignisse bisweilen gänzlich unvermittelt und unmotivirt ist [1]). Um aber bei einer solchen Anhäufung von Abenteuern und Episoden, wie sie in jenen Romanen üblich ist, die Aufmerksamkeit und das Interesse der Zuhörer zu erregen und zu erhalten, war die Anwendung des erwähnten Kunstmittels wohl am Platze. Dasselbe findet sich theilweise auch an den sich entsprechenden Stellen der beiden Erzählungen und in den gleichen Situationen der beiden Helden. So gibt gleich im Anfange der Erzählung des Meraugis der Zwerg dem Könige auf seine Frage, ob Gawein noch lebe oder gefangen sei, die ausweichende Antwort, nur der Kühnste des Artushofes dürfe es wagen, dem Gawain nachzuforschen, und wer sich für den Auserwählten halte, möge es unternehmen, Nachricht über den chevalier as damoiseles einzuziehen p. 58, 8. *Or soit oï qui s'eslira D'aler enquerre les noveles Du chevalier as Damoiseles* [2]).

Sodann als Meraugis den Zwerg, dem er wieder zu seinem Pferde verholfen hat, — mit Bezug auf ein vorhergegangenes Gespräch — auffordert, ihm zu sagen, wie er Ehre für Schmach

---

1) Vgl. II. Th. 9. u. 10.
2) Im »Chev. as deus espees« nennt sich Meliadus, der Held desselben, welcher eine Zeitlang in Begleitung von sechs Frauen, die er aus der Gewalt ihrer Wächter befreit hat, umhersieht »Chevalier as dames«.

eintauschen werde, erwiedert ihm dieser ironisch (p. 66, 8) »*Je n'ai pas jour à hui De ce que vous me demandez. A dieu soies vous commandes, Car ce vous vendra bien en point*«, weshalb ihn Meraugis zum Teufel wünscht. Als er hierauf die beiden Jungfrauen im Zelte wiederholentlich bittet, ihm mitzutheilen, warum sie weinten, und was es für eine Bewandtnis mit dem vor dem Zelte aufgehängten Schilde habe, da geben ihm auch diese zuerst ausweichende Antwort, und zuletzt verweigern sie ihm jegliche Auskunft (p. 72, 3): »*C'est noiens Ja plus ne vous en dirons ore, Vous le saurois assez encore*«. Und als er endlich zu den zwölf Jungfrauen kommt und Auskunft über Gawain verlangt, erhält er den seltsamen Bescheid (p. 115, 14): »*Va t'en . . . La voie à destre contremont Outre ce bois, au pie du mont, Là troveras une chapele Et une crois; . . . A la crois te conseilleras*«.

Auf seine weitere Frage nach Merlin dem *enplumeor*, ruft ihm eine der Jungfrauen spöttisch zu, sie sei Merlin, und weist ihn dann mit den Worten ab (p. 116, 6): »*Que jà plus ci ne t'en dirons, Ne ce ne quoi, ne o ne non*«.

Auch die Inschrift auf dem erwähnten Kreuze, die schliesslich Meraugis Aufschluss über den Aufenthaltsort Gawains geben soll, ist derart, dass der Held über die fernere Richtung seines Weges nicht besser unterrichtet ist, wie vorher. Er hat nämlich zu wählen unter drei Wegen, deren Namen ebenso dunkel sind, der erste heist der mitleidslose, der zweite der widersinnige und der Dritte der namenlose. Ebenso seltsam und unerkärlich bleibt ihm auf dem Wege zuerst das Benehmen der ihm begegnenden beiden Fräulein und später des Knaben, die auf seinen freundlichen Gruss und den geheimen Wunsch, etwas über die Stadt *sans non* zu erfahren, im Vorbeigehen nur die dunklen Worte sprechen: »*Vous avez les bonnes pensées* (p. 121, 9)« und: »*Mar fus*« (p. 121, 11).

Nicht besser gelingt es ihm im zweiten Theile beim Nachforschen nach seiner Geliebten, irgend welche Auskunft zu erhalten über die Richtung nach der Stadt. Alle seine Fragen

nach derselben werden nur dadurch beantwortet, dass man
ihn anslacht, weil man ihn für verrückt hält (p. 151, 12) *Ne
nuls ne l'oït demander Qui ne le tiegne à fols nais.*

Sehen wir zu, wie der Dichter des Durmart in ähnlicher
Weise verfährt.

Ebenso gleich zu Anfang der eigentlichen Erzählung weiss
der Pilger, der Durmart von der ausserordentlichen Schönheit
der Königin von Irland berichtet, weder deren Namen noch
ihren Aufenthaltsort anzugeben, weil er, wie er sagt, in das
Anschauen ihrer Schönheit versenkt vor Staunen und Bewunderung
alles andere selbst auch ihren Namen und den
ihrer Schlösser vergessen habe (v. 1173): »*Al jor que je le
pou veoir, Je mis trestot en nonchaloir Le nom de li et des
chastials*« und (v. 1180) »*Ne vos i sauroie mener*«.

Der erste Ritter, welcher Durmart begegnet, und an den
er seine Frage nach der Königin von Irland richtet, antwortet
ihm zuerst ausweichend, und dann, nachdem er im Kampfe
überwunden ist, gesteht er ein, nichts von ihr zu wissen
(v. 1733): »*. del atre sui desvoies, De celi que vos tant ames,
Que por son lige vos tenes;*« er gibt ihm aber die Weisung,
der Spur des Hundes zu folgen, welchen er mit sich führt und
von Durmart schenkt (v. 1746): »*La ou ele (sc. levriere) va si
alas Assi me puist deus avancier, Ne vos en sai miels consellier*«.

Der zweite Ritter jedoch, Nogans, von dem er dieselbe
Auskunft verlangt, erwidert ihm blos mit der Drohung (v. 1863):
»*Se salue ne vos avoie, Cele teste vos trancheroie*«.

Auch die Königin von Irland selbst, bei welcher Durmars
an dritter Stelle seine Nachforschungen fortsetzt, gibt ihm
keinen Aufschluss über ihre Person. Hier könnte es allerdings
leicht den Anschein gewinnen, als ob der Dichter es nicht so
sehr darauf abgesehen habe, das Interesse der Zuhörers zu fesseln,
da derselbe ja mit einiger Sicherheit schon vermuthen kann, dass
jene die gesuchte Geliebte ist, als vielmehr, um die Lage des
Helden kritischer zu gestalten und die Erzählung leichter weiterführen
zu können. Doch dem ist nicht so; denn grade dadurch,

dass die Königin ihr Incognito wahrt und Durmart den gewünschten Aufschluss nicht gibt, wird die Aufmerksamkeit des Zuhörers in höherem Grade wach gehalten und zwar durch ein ungleich stärkeres Moment. Es regt sich nämlich in ihm unwillkührlich das Verlangen zu erfahren, ob sich die Königin dem Helden am Ende nicht doch noch zu erkennen gibt; und besonders erwarten wir einen solchen Ausgang, nachdem Durmars für die Rettung ihrer Ehre und Freiheit eintretend mit ihrem gefährlichen Gegner gekämpft und in diesem erbitterten Kampfe für sie schwere Wunden empfangen hat.

Eine solche Lösung tritt indessen nicht ein, sondern sie verspricht nur, ihm die Königin zu zeigen, wenn sie in ihr Land gekommen seien, jedoch nur unter der Bedingung, dass er sich bis dahin alles weiteren Nachforschens enthalte (v. 2772): ».. *je vos mosterai La tres bele roine gente* (v. 2745): *Mais je ne vos en dirai plus, Dusque vos esteres venus Ensemble o moi en ma contree*, (v. 2751): *De plus enquerre et demander Me deves bien respit doner Deci qu'en mon pais, beas sire.*«

Ebenso bleiben Durmarts Nachforschungen nach dem rothen Zelte, in welchem er seine Gefährtin zurückgelassen, um Gladinel zu Hülfe zu eilen, ohne Erfolg, und weder der Jäger, den er zuerst anspricht, noch Bruns von Branlant, der ihm eröffnet, dass die Dame mit dem Sperber die Königin von Irland sei, wissen etwas über dessen Verbleib. Ersterer erwiedert ihm kurz (v. 3786): »*Sire, je n'en sai rien, Maint jor ai le forest chercie, Onque n'i vi tente drecie*« und letzterer in ähnlicher Weise (v. 3937): »*Sire, ..por voir vos di, Cains en ceste forest ne vi Cele tente dont vos parles.*«

Auch der Knappe Ydiers, den Durmars auf seinem weiteren Zuge antrifft, hat für ihn nur dieselbe Antwort (v. 4167): »*De la tente ne sai je mie, N'ainc ne la vi jor de ma vie.*«

Li Fel von La-Garde endlich weiss nur, dass die Gesuchte mit Gladinel weitergezogen, wohin sie sich aber gewendet hat, ist auch ihm unbekannt (v. 5305): »*Je ne sai qu'ele est devenue.*« Er gibt Durmart jedoch den Rath, an den Hof des

Königs Artus zu geben, dort werde er wahrscheinlich Näheres über sie in Erfahrung bringen können. — Diese Art den Helden in beständiger Ungewissheit zu erhalten so nämlich, dass der Gefragte selbst gar keine Auskunft zu geben vermag, dem Fragenden aber den Bescheid gibt, nach einem bestimmten Orte hinzugehen, wo er sicherlich Nachricht über seine Geliebte einziehen könne, kehrt noch mehrere Male wieder. — So wissen zunächst die Gefangenen, welche Durmars aus der Gewalt des Herrn von Roche-Brune befreit, ihm nichts von der Königin mitzutheilen, einer von ihnen jedoch, der Knappe Guivres li Blons, macht sich anheischig, ihn in ein benachbartes Schloss zu führen, wo er sicherlich das Erwünschte vernehmen werde (v. 5886). Sodann dort in dem sogenannten Zehnjungfrauenschlosse angelangt, hört er auch hier nichts Genaueres von seiner Geliebten. Einer der Bewohner desselben, Geogenans, gesteht (v. 6382): »*de cele bele roine Ne vos sai jo pas avoier*« er ist jedoch der Ansicht, Durmars solle mit zu dem Tourniere zwischen den Schlössern Blanches-Mores und Roche-Lande ziehen, dort würden seine Nachforschungen eher von Erfolg gekrönt sein, weil zu demselben Ritter zwanzig Tagereisen weit her kämen. Aber auch dort wird ihm nicht die gewünschte Auskunft zu Theil [1]) (v. 6455).

Das zweite Moment, welches für die äussere Anlage der beiden Gedichte von Wichtigkeit ist, und welches in beiden besonders hervortritt, ist die genaue Beobachtung der Zeit.

Nicht blos die ganze Handlung spielt sich innerhalb eines festbestimmten Zeitraumes ab, sondern auch die einzelnen Ereignisse sind zeitlich genau abgegränzt.

Im Beginne der eigentlichen Erzählung hat es Lidoine — an einem Weihnachtstage — dem Helden zur Bedingung gemacht, dass er sie erst nach einem Jahr zur Gemahlin erhalten solle, wenn sie während dieser Zeit nur Gutes über ihn gehört habe (p. 49, 11): ». *à tant en prendra sa part Jusqu'à un an de ce jour d'hui, Que je n'aprocherai de lui, Por nul solas, qu'à ceste fois, Devant un an;* « etc.

1) Vgl. Chev. as II espees v. 1887—2372.

Hiernach sollten wir erwarten, dass die eigentliche Handlung einen Zeitraum von einem Jahre einnehmen werde. Aber Lidoine hält die von ihr gestellte Frist selbst nicht aufrecht, indem sie schon nach ihrer Befreiung aus der Gewalt des Belchis, einige Tage vor Pfingsten, sich bereit erklärt, Meraugis' Wunsch zu erfüllen, und damit dem am Pfingsttage stattfindenden Zweikampfe des Helden mit Gorveinz Cadrus die Erzählung abschliesst, so spielt sich die eigentliche Handlung genau innerhalb eines halben Jahres ab.

Im Durmart erhält der Held am Pfingsttage den Ritterschlag und am folgenden Pfingstfeste finden seine Vermählungsfeierlichkeiten mit der Königin von Irland statt, so dass also die Handlung hier ein Jahr einnimmt. Hierbei ist jedoch zu merken, dass wir der Spur des Helden auch hier nur während eines halben Jahres folgen, indem wir nämlich, um die einzelnen Zeitangaben in Einklang zu bringen und das Jahr auszufüllen[1]), gezwungen sind, anzunehmen, dass Durmars — nicht vier, wie der Dichter angibt, sondern — sechs Monate umherirrte, für welche Zeit wir nichts in Betreff des Helden erfahren.

Was die chronologische Anordnung der einzelnen Ereignisse anbelangt, so dürfte sich selten eine solch' sorgfältige Durchführung derselben finden wie im Meraugis.

Am Weihnachtsfeste finden sich Meraugis und Gorveinz Cadrus am Hofe des Königs Artus ein, wo über ihren Liebesstreit entschieden werden soll (p. 37)[2]). Am selben Tage erscheint der Zwerg, der den König an Gawain erinnert (p. 55). Nach dessen Abzug macht sich Meraugis ohne Säumen mit Lidoine zur Aufsuchung Gawains auf (p. 61). Desselbigen Tages noch holt er den Zwerg ein und verweilt die Nacht im Zelte der beiden Jungfrauen (p. 71). Am folgenden Tage, Dinstag, findet sein Zweikampf mit Laquis de Lampagrès statt (p. 72—88). Am Donnerstag gelangt er zu dem Kreuzwege, wo er wieder

---

1) Vgl. II. Theil 5.
2) Vgl. F. Wolf, Denkschriften l. c. p. 162 Anmerkg. 2.

mit dem Zwerge zusammen trifft (p. 92). Von Donnerstag an zieht Meraugis mit jenem weiter und nimmt am Neujahrstage am Tourniere des Königs Amargons Theil, in welchem er den Gegner seines Führers besiegt (p. 100). Am selben Tage noch trifft er zum zweiten Male Laquis, nachdem sich dieser vor drei Tagen von L'Outredouté getrennt hat (p. 110). Nach einer längeren Wanderung kommt er zur Stadt *sans non* (p. 120), kämpft am ersten Tage mit Gawain (p. 128), bringt die folgende Nacht im Schlosse zu (p. 140) und flieht am anderen Morgen mit seinem Freunde auf einem Schiffe nach Handiton (p. 146). Die Nacht bleiben sie hier, um sich am anderen Morgen schon zu trennen, Meraugis um seine Geliebte aufzusuchen (p. 151). Nach einiger Zeit, etwa vier Wochen nach Weihnachten, wie wir aus seinen Worten (p. 186, 13): ». . *je sai qu'il n'a mie un mois Que Noel fu*« schliessen, kommt er bei seiner Verfolgung des L'Outredouté ins Schloss *des karoles*, in welchem er zehn Wochen vom Zauberbanne befangen bleibt (p. 159). Aus diesen Angaben folgt, dass etwa Mitte April der Kampf mit L'Outredouté stattfindet, und zwar einige Tage vor Ostern, wie Meraugis aus dem Aufrichten von Kreuzen schliesst (p. 187). Ostern fällt somit in die zweite Hälfte des April. Am Ostersonntage sieht der Held seine Geliebte (p. 212). Ostermontag zieht Gawain mit den Artusrittern zur Befreiung Lidoinens aus und kommt am ersten Montag im Mai vor Belchis' Schlosse Monthaut an (p. 223). Am selben Tage kämpft Meraugis mit Calogrevain und Gawain (p. 234). Am folgenden Tage wird ein gemeinsamer Ausfall aus dem Schlosse gewagt und die Entscheidung des Kampfes herbeigeführt (p. 241). Am dritten Tage schickt Gorveinz Cadrus Meraugis eine Herausforderung zum Zweikampfe für den Pfingstag, — bis zu welcher Zeit also noch ungefähr vierzehn Tage bleiben. - Zu Pfingsten nun trifft Meraugis mit Lidoine in Cantorbire ein (p. 252), um mit Cadrus zu kämpfen.

Aus Vorstehendem ergibt sich klar, dass Raouls Meraugis in Bezug auf Genauigkeit in der Zeitangabe wenig zu wünschen übrig lässt und bei einer Gegenüberstellung mit Durmart [1]) in diesem Punkte wohl den Vergleich aushalten kann.

Wenn wir zur bequemeren Uebersicht die übereinstimmenden Momente, die sich uns bei Betrachtung der technischen Anlage beider Gedichte ergaben, nochmals kurz zusammenstellen, so sind dies folgende: 1.) Die gleichmässige Steigerung der einzelnen Theile der Einleitung sowohl wie der eigentlichen Erzählung. 2.) Der Schluss des Ganzen bildet das genaue Gegenstück des bezüglich III. Theiles der Einleitung. 3.) Die Anwendung desselben Mittels, um die Einleitung mit der Erzählung zu verbinden. 4.) Die ähnliche Art, wie die einzelnen Theile der Erzählung einleiten und abschliessen. 5.) Verwendung desselben Kunstgriffes, um auf das Interesse des Zuhörers zu wirken. 6.) Die ähnliche Genauigkeit in der Angabe der verschiedenen Zeitpunkte.

Dass diese Uebereinstimmung in der Anlage beider Gedichte eine ziemlich auffallende ist, kann wohl kaum bestritten werden. Nur eine Abweichung ist in dieser Hinsicht zu erwähnen. Es ist dies die verschiedene Verwendung der sogenannten Sperberepisode. Während dieselbe nämlich im Meraugis den zweiten Theil der Einleitung bildet, hat der Dichter des Durmart dieselbe in den ersten Theil der eigentlichen Erzählung eingeschoben, eine Abweichung, die verhältnissmässig unbedeutend und ausserdem durch den Gang der Handlung beider Gedichte bedingt wird.

D. Ausführung.

Es wurde oben (B.) schon bemerkt, dass die Einleitung und der Schluss beider Gedichte inhaltlich verschieden seien, bedingt durch die verschiedene Tendenz beider Werke. Daher wird sich unsere Untersuchung nunmehr auf die eigentliche Erzählung beschränken. — Eine kurze Analyse der Hauptzüge derselben ergibt eine beinahe völlige Identität.

---

1) Vgl. Stengel, Ausg. p. 511.
2) Vgl. F. Wolf, Denkschriften l. c. p. 168 Anmerkg 3.

Um sich die herrlichste der Frauen zu erwerben, unternimmt es der Held, die gefährlichsten Abenteuer zu bestehen und sich stets als wahren Ritter zu bewähren. Kurze Zeit zieht er in Begleitung seiner Geliebten dahin, und in ihrem Beisein besteht er seine ersten Abenteuer. Durch eigenes Verschulden verliert er jene, und er bietet nun alles auf, sie wiederzufinden. Nach manchen Kämpfen und nach Ueberwindung vieler Hindernisse kommt er schliesslich auch dorthin, wo sich die Dame seines Herzens befindet und zwar in dem Momente, da sie in grosser Noth und Gefahr schwebt. Durch sein Erscheinen und durch Bewährung seiner hervorragenden Tapferkeit vorzüglich, wird die Gefahr von der Geliebten abgewendet, und diese schenkt ihm zum Danke dafür ihre Hand. — Dies ist in wenigen Worten der Verlauf der Handlung in der eigentlichen Erzählung beider Gedichte. Eine Abweichung findet sich nur insofern, als Meraugis zuerst zur Aufsuchung Gawains auszieht und Lidoine ihn auf dieser Fahrt von Anfang an begleitet, während Durmars dagegen, Nachforschungen nach seiner Geliebten anstellend, erst einige Tage nach seinem Auszuge mit der Königin von Irland zusammentrifft und in ihrem Beisein, aber ohne sie zu kennen, seine ersten Abenteuer besteht.

Sehen wir von dieser einen Modification ab, so dürfen wir wohl mit Recht annehmen, dass der eine Dichter die Grundzüge seiner Erzählung von dem anderen entlehnt haben muss. In dieser Ansicht werden wir noch mehr bestärkt, wenn wir einige Einzelheiten der Erzählung näher ins Auge fassen, in denen eine Aehnlichkeit noch deutlicher zu Tage tritt.

1. So deutet schon die ähnliche Art, wie der einleitende Theil mit der eigentlichen Erzählung verbunden wird, auf ein näheres Verhältnis der beiden Dichtungen hin. (Vgl. C. 3.)

Kaum hat im Meraugis der Held sich bereit erklärt, die von der Geliebten an die Erfüllung seines Wunsches geknüpften Bedingungen erfüllen zu wollen, da erscheint unerwartet ein über die Massen hässlicher Zwerg vor Artus und erinnert ihn an seinen Neffen Gawain, der ausgezogen sei, das Schwert mit dem absonderlichen Gehänge¹) zu erproben und an diesem Tage wieder zurück sein wollte. Da er nicht gekommen, so dürfe nur der Kühnste Nachricht über ihn — dessen Aufenthaltsort er nicht anzugeben weiss (vgl C. 4) — einzuziehen wagen, worauf sich Meraugis dann erbietet, Gawain aufzusuchen. (p. 49—58.)

Sehen wir hiergegen, wie der Dichter im Durmart von der Einleitung zu seiner Geschichte hinüberführt. Nachdem Durmars seine unwürdige Lebensweise aufgegeben und seinen Eltern seinen Entschluss, durch Bestehung kühner Abenteuer ein tapferer Ritter zu werden, mitgetheilt hat, da kommt plötzlich ein aussergewöhnlich grosser Pilger vor ihn und berichtet ihm von der wunderbaren Schönheit der Königin von Irland; er müsse, sagt er, wenn er für den tapfersten Mann gelten wolle, vor keiner Gefahr zurückschrecken, um sie aufzusuchen, weil nur er, da er an Schönheit alle Männer übertreffe, für sie passe. Hierauf unternimmt nun Durmars seinen Abenteuerzug (v. 827—1485) aufs Gerathewohl hin, da der Pilger ihm über die Richtung keine Aufklärung zu geben vermochte (vgl. C. 4).

Uebereinstimmend ist somit in beiden Gedichten die an der bezüglich gleichen Stelle derselben sich findende Einführung eines Boten mit der an den kühnsten Ritter gestellten Forderung, eine bestimmte Person, deren Aufenthaltsort er jedoch nicht angeben kann, aufzusuchen. Auch die verschiedene Beschreibung des Boten — im Meraugis ist er ein überaus hässlicher Zwerg, im Durmart ein aussergewöhnlich grosser Bauer, sieht bloss wie eine von dem einen Dichter mit Absicht gewählte Abänderung aus (vgl. II. Theil 6).

2.) Ferner können wir in der Verspottung des Zwerges, den Kex höhnisch mit »Camuse chose« anredet, einen Anklang finden, an die, welche der Zwerg des Brun von Morois durch Durmart und Ydier erfährt. Durmars redet denselben nämlich in ähnlicher Weise mit »Figure« an (v. 4491). Indess, wir dürfen

---

1) Vgl. F. Wolf, Denkschriften l. c., p. 163, Anmerkung 2.

hierauf nicht soviel Gewicht legen, da der Zwerg auch sonst vielfach als Zielscheibe des Witzes der Ritter gelten muss, und somit eine ähnliche Anrede für denselben nichts besonders Auffallendes haben kann (vgl. Dur. v. 1793).

3.) Eher verdient der Umstand als eine Uebereinstimmung beider Gedichte besonderer Erwähnung, dass zwar die schönste der Frauen, die als solche auch von allen einstimmig und öffentlich durch Ertheilung des Preises anerkannt ist, der Held für sich zu gewinnen strebt, dass aber nicht diese Schönheit der Dame, sondern ein edleres Motiv ihn veranlasst, derselben sein Herz und seine Dienste zu weihen.

Meraugis liebt Lidoine nur (p. 26, 15): »*Por sa cortoisie, Por ses bons dits sans vileinie, Por son dous non, por sa proece*«, Vorzüge, neben welchen er ihrer körperlichen Schönheit nicht die geringste Beachtung schenkt, wie er seinem Nebenbuhler Gorvein Cadrus gegenüber äussert (p. 23, 11): »*De sa biauté ne puet chaloir, . . . si n'est vaillans; Car s'ele estoit d'henour faillans, Et ele estoit plus bele asses, Si seroit por noient lasses, D'amours ici qui l'ameroit.*« Auch bei Durmart ist nicht die Schönheit der Königin von Irland der eigentliche Grund, wesshalb er sie aufzusuchen auszieht, sondern der Wunsch, sein früheres Leben zu sühnen, dadurch, dass er sich durch rühmliche Thaten eine würdigere Gemahlin erringe. So erwidert er seinem Vater (v. 1310): »*Sachies de voir, que je querrai La bele roine d'Irlande; Car fine amors le me commande. C'est la mieldre et la plus bele, Ele est bone et bele a devise*¹).

4.) Mehrere Berührungspunkte zwischen Meraugis de Portlesguez und Durmart lassen sich nachweisen, wenn wir das Verhältnis, in welchem Gorveins Cadrus zu Meraugis und Lidoine steht, mit dem vergleichen, in welchem sich Nogans zu Durmart und der Königin befindet.

Gorveinz Cadrus ist mit Lidoine eher bekannt als Meraugis. Er hat ihr bereits sein Herz und seine Dienste angeboten, was

---

1) Vgl. Durmart v. 458: »Dehes ait bealtes sens proece.«

sie auch angenommen, bevor Meraugis mit ihr zusammentrifft. Beide waren stete Gefährten, bis sie in Folge ihrer Liebe zu Lidoine zu Nebenbuhlern und Feinden werden. In ihrem Vorhaben durch Kampf zu entscheiden, wer die Geliebte besitzen solle, werden sie durch eben dieselbe gestört, indem sie ihnen befiehlt, die Waffen niederzulegen bis am Artushofe über ihre Streitfrage entschieden sei. Da hier das Urtheil zu Meraugis Gunsten ausfällt, erklärt Gorveinz, er sei nicht gekommen, ein Urtheil zu hören, sondern durch Zweikampf sein Recht zu erstreiten (p. 48).

Auch Nogans ist der Königin von Irland eher bekannt als Durmars, da er ihr Lehnsmann ist. Auch er hat ihr seine Dienste angeboten und ist eben im Begriffe, als ihr Champion zum Tourniere zu ziehen, da Durmars ihnen begegnet. Auch hier beugt die Geliebte etwaigen Streitigkeiten zwischen Durmart und Nogant vor, indem sie ersteren bittet, sich den Befehlen des letzteren zu unterwerfen, bis sich gezeigt habe, wie derselbe sich beim Tourniere verhalten werde. Bei demselben erklärt Nogans, er sei nicht gekommen zu kämpfen, sondern er habe geglaubt, man werde der Königin ohne Kampf den Preis überlassen. — Letzteres, die Erklärung Nogants, ist, wie leicht ersichtlich, nur eine scheinbare, äussere Abweichung von der entsprechenden des Gorvein im Meraugis, indem die innere Uebereinstimmung in dem Widerspruche gegen den Wunsch der Dame beruht. —

Wenn wir uns in der folgenden Darstellung an den Verlauf der eigentlichen Erzählung beider Gedichte halten, so begegnen wir im ersten Theile derselben verschiedenen übereinstimmenden Momenten, die theilweise schon bei einer kurzen, freien Wiedergabe dieses Theiles deutlich hervortreten.

Nachdem Lidoine Meraugis die Erfüllung seines Wunsches binnen Jahresfrist in Aussicht gestellt hat, wenn er nämlich während dieser Zeit nur ruhmwürdige Thaten vollbracht habe, trifft dieser auf seinem Zuge nach Abenteuern, auf welchem ihn seine Geliebte begleitet, zuerst mit dem Zwerge und dann mit der seltsamen Dame zusammen, welche jenem sein Pferd abgenommen hat. Er will es derselben mit Gewalt entreissen, doch diese wirft ihm vor, dass es unritterlich wäre, Gewalt gegen sie zu gebrauchen; aber sie will seinem Wunsche entsprechen, wenn Meraugis den in der Nähe aufgehängten Schild herunterschlage (p. 65). — Die Ausführung dieses Gebotes ist die nähere Veranlassung des späteren Kampfes unseres Helden mit L'Outredouté. Noch ist hierbei zu merken, dass in diesem Kampfe jeder der beiden Gegner sowohl Beleidiger als auch Beleidigter zugleich ist. Die Verletzung der Ehre, welche nämlich in dem Herabschlagen des Schildes für den Eigenthümer desselben liegt, berechtigt L'Outredouté, von Meraugis Genugthuung zu verlangen. Dadurch aber, dass jener den Boten des letzteren Laquis von Lampagrès, in schmählicher Weise behandelt, indem er ihn des einen Auges beraubt, ist auch Meraugis beschimpft, und er ist es seiner Ritterehre schuldig, den Kampf mit dem Frevler zu suchen, um den Freund zu rächen. Unmittelbar nach der zweiten Begegnung — nämlich mit der seltsamen Dame — trifft Meraugis in dem Zelte ein, wo er vergeblich auf die Ankunft von L'Outredouté, wartet (p. 70). Verfolgen wir den entsprechenden Theil der Erzählung im Durmart.

Nachdem Durmars im Tourniere mit Cardroain für seine Begleiterin den Sperber errungen (v. 2704) und diese ihm zum Danke dafür versprochen hat, seinen Wunsch zu erfüllen, nämlich ihm die Königin von Irland zu zeigen, wenn er sich bis zur Ankunft daselbst alles weiteren Nachforschens enthalte (v. 2768), da hat auch er auf seiner Fahrt nach Abenteuern bis zu seiner Ankunft im rothen Zelte, in welchem er vier Tage verweilt, zwei Begegnungen, zunächst mit Nogant und dann mit Brun von Morois. Auch hier führt das zweite Zusammentreffen nicht zu einem sofortigen Kampfe, weil der eine der Betheiligten an die Ritterehre des Anderen appelirt. Durmars erwidert nämlich Brun von Morois auf seine Herausforderung, es würde jenem zur ewigen Schande gereichen, wenn er ihn, den Schwerverwundeten im Kampfe überwinde. So bleibt denn der Kampf auf eine spätere Zeit verschoben. Auch hier wie im Meraugis ist jeder der Gegner sowohl Beleidiger als Beleidigter. Als Bruder des im Tourniere von Durmart getödteten Cardroain fühlt sich Bruns zum Kampfe mit dem Helden verpflichtet. In Folge des von Brun ausgeführten Raubes der Gemahlin des Königs Artus ist auch dieser, sobald er durch den Knappen Ydiers davon Kunde erhält, bei seiner Ritterehre gezwungen, an jenem Rache zu üben (v. 4169).

Aus vorstehender Gegenüberstellung des vorderen Abschnittes des ersten Theiles beider Gedichte ergeben sich deutlich vier übereinstimmende Punkte (die zur bequemeren Uebersicht mit fortlaufender Nummer bezeichnet werden mögen).

5.) Das von der Erfüllung einer Bedingung abhängig gemachte Versprechen der Dame, dem Wunsche des Ritters nach einer bestimmten Zeit entsprechen zu wollen. 6.) Die zweifache Begegnung bis zur Ankunft im Zelte und Verweilen in demselben. 7.) Die ähnliche Art der Vermeidung eines Kampfes bei der zweiten Begegnung. 8) Der durch eine doppelte Veranlassung hervorgerufene Zweikampf, in welchem jeder der Betheiligten Beleidiger und Beleidigter zugleich ist.

Es muss allerdings eingeräumt werden, dass das Vorkommen dieser Momente in beiden Gedichten, an und für sich betrachtet, vielleicht als ein zufälliges gelten könnte, der Umstand aber, dass sie in derselben Reihenfolge verwendet; auch an den sich entsprechenden Stellen der Erzählung geboten werden, spricht gegen eine solche Annahme. Doch müssen wir zugestehen, dass, wie sich theilweise schon aus obiger Darstellung ergibt, beide Dichter in der Ausführung dieser im allgemeinen übereinstimmenden Momente ihre Selbständigkeit vollständig gewahrt haben. — Da wir hieraus für den zweiten Theil der Untersuchung keinen besonderen Schluss ziehen können, so möge es an dieser Stelle kurz ausgeführt werden.

Im Meraugis ist das zweite Zusammentreffen ein blos zufälliges, während im Durmart die beiden Begegnungen durch die vorhergegangenen Ereignisse vorbereitet sind. Ferner ist es im

Meraugis der Gegner, welcher an die Ritterehre des Helden
appellirt, während im Durmart der Held selbst diese Rolle
übernimmt. — Diese beiden Abweichungen sind dadurch bedingt, dass in ersterem der Held erst nach dem Tourniere mit
seiner Dame bekannt wird, während derselbe in letzterem bereits für seine Dame gekämpft hat. — Sodann aber stehen auch
im Meraugis die Erlebnisse im Zelte, sowie das sich daran
knüpfende Abenteuer mit L'Outredouté in innigstem Connexe
mit der vorhergehenden zweiten Begegnung, während im Durmart der Aufenthalt im Zelte mit dem sich daran schliessenden
Abenteuer zur Befreiung Gladinels aus der Gewalt des Fel de
la Garde mit der Begegnung !des Brun von Morois nichts zu
thun hat. Und endlich ist noch zu erwähnen, dass im Meraugis der Held durch die höhnischen Worte der im Zelte sich
befindenden Jungfrau in seinem Vorsatze mit L'Outredouté zu
kämpfen bestärkt wird, während umgekehrt im zweiten das
Gefühl der Dankbarkeit für die liebevolle Pflege der Besitzerin
des Zeltes Durmart zum Kampf mit Fel von la Garde antreibt.

Der weitere Verlauf des ersten Theiles der Erzählung beider
Gedichte, bietet, wenn wir absehen von der im Durmart (v.
3272) dem grausamen Fel de la Garde beigelegten Untugend[1]),
jedem Begegnenden sein Pferd wegzunehmen, was an das Benehmen der Dame im Meraugis erinnern könnte, die dem Zwerge
sein Pferd raubt (p. 62), keine besonderen Berührungspunkte
bis zum Schlusse. Hier aber finden wir das Uebereinstimmende,
dass in beiden Gedichten 9.) die Befreiung eines Ritters, der
mit einer dem Helden befreundeten Person in näherem Verhältnisse steht, den Verlust der Geliebten zur Folge hat.

Meraugis lässt nämlich seine Geliebte in der Stadt *sans
non* zurück, um mit dem Ritter auf der nahen Insel zu kämpfen
(p. 125). Sobald er in ihm den gesuchten Neffen und Freund
des Königs Artus erkennt, ersinnt er eine doppelte List, wodurch es ihm gelingt, die Wachsamkeit der Herrin der Insel
zu täuschen und mit Gawain auf einem Schiffe zu entfliehen

---

1) vgl. Chev. an lyon v. 542 u. II. Abschn. A u. B. — Zu Chev. au
lyon v. 1358 ff. u. v. 2705 ff., siehe Mer. p. 52—53 u. p. 217.

(p. 146). Dort angelangt, bemerkt er zu seiner grossen Betrübnis, dass er von seiner Geliebten getrennt ist (p. 147).

Auch Durmars lässt seine Dame zurück und zwar im rothen Zelte, um Gladinel, den Geliebten seiner treuen Pflegerin aus der Gewalt des Fel de la Garde zu befreien. Nachdem ihm dies nun durch die Besiegung desselben gelungen, reitet er mehr denn zwanzig Meilen weit in Gedanken dahin und merkt endlich, dass er den Weg zum rothen Zelte, in welchem sich seine Geliebte befindet, verloren hat (v. 3427—3737).

Aus dieser kurzen Inhaltsangabe ergiebt sich nicht blos, dass in beiden Gedichten die äussere Veranlassung des Verlustes der Geliebten dieselbe ist, sondern ferner auch noch das Uebereinstimmende, — was jedem sofort auffallen muss — 10.) dass nämlich die Motivirung des Verlustes in beiden eine sehr mangelhafte ist (vgl. II, 8). Da im zweiten Theile der eigentlichen Erzählung, umfassend im Meraugis p. 147—200 und im Durmart v. 3458—10406, ausser den bereits oben (B u. C 4) angeführten keine weiteren Beziehungen zu finden sind, so können wir zum letzten Theile derselben übergehen, wo die Aehnlichkeit sich am deutlichsten bekundet.

Der Verlauf der Handlung des genannten Theiles ist im Meraugis kurz folgender: Nachdem Meraugis sich in dem gefährlichen Kampfe mit l'Outredouté als der tüchtigste Ritter bewiesen, wird er als Schwerverwundeter durch Melianz de Lis, den Verbündeten des Belchis le lais, auf besondere Veranlassung der Geliebten desselben, die zufällig an der Kampfstätte vorbeikommen, nach dem Schlosse Monthaut gebracht (p. 200). Melianz' Geliebte glaubt sich nämlich den Dank des Belchis zu verdienen, wenn sie ihm einen tapferen Streiter wie Meraugis zuführe. Von eben derselben erfährt dieser auf seine Frage nach dem Namen des Schlosses, in das man ihn gebracht, dass er sich unter demselben Dache mit seiner Geliebten befinde, zugleich aber auch, dass sie in grosser Gefahr schwebt, indem einerseits Belchis, um sich in den Besitz ihrer Länder zu setzen, sie zur Gemahlin seines Sohnes machen will, anderseits Gorveinz

Cadrus, sein ehemaliger Gefährte, mit dem er sich aber schon einmal im Kampfe gemessen und zwar Lidoinens wegen, die Burg mit einer durch reiche Geldspenden erworbenen Streitmacht belagert, um Lidoine sammt ihrem Besitzthume für sich zu gewinnen (p. 207). Doch der Held sowohl wie die Geliebte verbergen sorgfältig vor ihrer Umgebung die Gefühle, die sie für einander hegen, und als Lidoine beim plötzlichen Anblicke des Geliebten von einer Ohnmacht befallen wird, da nimmt sie als Entschuldigung ihre Zuflucht zu der Ausrede, das seltsame Aussehen des Verwundeten habe sie so erschreckt (p. 213). Einige Zeit nach der Ankunft des Helden in Monthaut wird das Heer der Belagerer verstärkt durch die Ankunft der Ritter des Artushofes (p. 226). Meraugis erscheint in weisser Rüstung zum Kampfe vor der Burg (p. 228). Calogrevain, der zuerst mit ihm zu kämpfen begehrt, wird mit leichter Mühe überwunden (p. 231). Der zweite Kampf mit Gavain endet damit, dass sich letzterer als Gefangener stellt, nicht etwa weil er überwunden ist, sondern zum Danke für die frühere Befreiung durch Meraugis (p. 234). Bei dem am andern Tage unter Meraugis' Anführung unternommenen gemeinsamen Ausfalle der Belagerten, dringen diese bis zum feindlichen Lager vor, werden aber dann durch die Artusritter zum Rückzuge gezwungen, bei welchem diese jedoch grosse Verluste erleiden (p. 241). Die Entscheidung wird indessen nicht durch einen Kampf herbeigeführt, sondern durch das Dazwischentreten des Melianz de Lis. Alle haben nämlich nach jenem Kampfe Meraugis Treue geschworen, und durch das energische Auftreten des Melianz wird auch Belchis gezwungen, sein gegebenes Wort zu halten und dem Helden, nachdem derselbe sich zu erkennen gegeben, die Geliebte zu überlassen (p. 245). Diese aber erklärt sich nunmehr sofort bereit, jenen als Gemahl anzunehmen (p. 246). Gorveinz Cadrus ist unterdessen zur Freude aller aus dem Lager nach Cavalon fortgeeilt (p. 248).

Verfolgen wir den entsprechenden Theil im Durmart, so zeigt sich hier ein ganz ähnlicher Fortgang im Verlaufe der

Ereignisse. Nachdem Durmars am Hofe des Königs Artus durch die Probe des Zauberstuhles und durch den Kampf mit seinem ebenbürtigen Gegner Gladain seine Ritterlichkeit bewiesen, trifft er nach einigem Umherirren durch ein verwüstetes Land einen Jäger, der ihm auf seine Frage nach dem Herrn dieses Landes die Mittheilung macht, dass er sich nicht weit von der Königin von Irland befinde (v. 10592). Der Jäger, ein Dienstmann und treuer Verbündeter derselben, eröffnet ihm ferner, dass die Königin von Nogant — dessen Gefährte unser Held eine Zeitlang gewesen, und mit dem er Fenicens wegen früher schon einen Kampf ausgefochten — belagert werde in der Absicht, sich aller ihrer Länder zu bemächtigen, unterstützt von einer durch reiche Geldgeschenke erworbenen Ritterschar (v. 10700). Er erklärt sich sehr gern bereit, Durmart zur Stadt zu führen, denn, sagt er (v. 10742) *Il avient c'uns bons chevaliers Raloie los ceas d'un pais*. So gelangt denn Durmars an einem feindlichen Heere vorbei in die Nähe seiner Geliebten, und das Verhalten beider gegeneinander erinnert deutlich an das Lidoinens Meraugis gegenüber. Denn auch Fenice sucht vor ihrer Umgebung ihre Liebe zu Durmart sorgfältig geheim zu halten, und in ähnlicher Weise, wie jene, hat sie eine Ausrede bereit, als ihrem Herzen im Gedanken an den Geliebten ein tiefer Seufzer im Beisein anderer entsteigt. Wie Lidoine dem plötzlichen Schrecken, so gibt die Königin ihrer tiefen Trauer über die Leiden, welche Nogans über sie und ihr Land gebracht, Schuld an ihrer Wehmuth und ihrem Seufzen (v. 11826) »... *se plaint del roi Nogant Qui sa terre li a gastee Molt set bien covrir su pensees*. Auch hier erhalten einige Zeit nach der Ankunft Durmarts im Mühlenschlosse die Belagerer Verstärkung durch Artus und seine Ritter (v. 12808). Durmars hat ebenso mit zweien der Tafelrunde Einzelkämpfe zu bestehen. Der erste, welcher den Kampf mit ihm sucht, ist Kez. Er wird mit geringer Mühe überwunden (v. 13150). Aber der zweite Kampf, ebenfalls wie im Meraugis mit Gavain, ist auch hier wie dort, nicht so leicht entschieden (v. 13434). Beide Ritter stürzen nämlich zu Boden und werden durch das Herbeieilen der Gefährten von beiden Seiten an der Fortsetzung des Einzelkampfes gehindert. Obschon der Held bis zum Lager der Feinde vordringt, wird er dann doch zum Rückzuge gezwungen, wenn auch nicht ohne schwere Verluste der Letzteren (v. 13882). Schliesslich wird auch hier nicht der ganze Streit durch Kampf entschieden, sondern durch die Vermittlung des Königs Jozefent und Artus, die Durmart und die Königin zu einer Versammlung berufen (v. 14168), wo Nogants Ungerechtigkeit zu Tage kommt. Dieser entflieht heimlich aus dem Lager, worüber bei allen grosse Freude herrscht. Fenice ist nun, nach Beseitigung der Gefahr sofort bereit, den Wunsch des Helden zu erfüllen und seine Gemahlin zu werden (v. 14879), worauf die Hochzeitsfeierlichkeiten stattfinden (v. 15204).

Aus vorgegebener kurzen Analyse des dritten Theiles der Erzählung sehen wir deutlich, dass der Verlauf der Ereignisse ein auffallend ähnlicher ist, und dass sich die Berührungspunkte des Meraugis zum Durmart hier geradezu häufen. Fassen wir dieselben nochmals kurz zusammen, so treten die folgenden als die wesentlichsten hervor:

11.) Der Held gelangt durch die Hülfe eines Ritters an einem feindlichen Heere vorbei in die Nähe seiner Geliebten. 12.) Dieselbe schwebt in grosser Gefahr; die Festung, in welcher sie sich befindet, ist belagert. 13.) Der Anführer der Belagerer ist derselbe, mit dem sich der Held schon einmal im Kampfe gemessen. 14.) Durch Vertheilung von Geld und Geschenken hat sich jener seine Streitmacht erworben. 15.) Die Geliebte verbirgt vor ihrer Umgebung sorgfältig ihre Gefühle zum Helden. 16.) Das Heer der Belagerer wird verstärkt durch die Ankunft der Artusritter. 17.) Mit zwei Rittern der Tafelrunde kämpft der Held im Einzelkampfe und zwar im zweiten mit Gawain. 18.) Die endliche Entscheidung des Krieges wird nicht durch Kampf, sondern durch die Vermittlung eines der Verbündeten von der Partei der Gegner herbeigeführt. 19.) Der Anführer der Belagerer zieht plötzlich zur grossen Freude aller heimlich ab. 20.) Die Geliebte erklärt sich bereit, den Helden sofort zum Gemahl anzunehmen.

Die Masse dieser übereinstimmenden Momente dürfte kaum mehr einen Zweifel in Betreff eines näheren Verhältnisses der beiden Gedichte übrig lassen, zumal die meisten in ihnen sich findenden Abweichungen als einfache Erweiterungen und Zusätze zu betrachten sind (vgl. II. Theil).

Bevor wir zum zweiten Theile der Untersuchung übergehen, bleiben uns noch einige weniger wichtige, übereinstimmende Punkte näher zu berühren, — die sich nicht gut in den Rahmen der Darstellung einfügen liessen. — Im Meraugis (p. 171, 8 ff.) spendet der Dichter der *largesse* überschwengliches Lob, ohne die weder *sens* noch *proece* zu ihrem gebührenden Ansehen gelangen könnten: »*Largesse est tiex que de lui meuvent Li bien; biauté, sens ne proesce Ne valent noient si largesce 1 faut; largesce est medicine Por quoi proesce monte en haut. Nuls ne puet, si largesce i faut, Conquerre pris par son escu.*« Hieran klingt jene Stelle (v. 15897—15916) im Durmart[1]) an, wo der Dichter ebenfalls der *largesse* so grossen Werth beilegt und sie in Verbindung mit *courtoisie* als den Schmuck der *proece* bezeichnet, so v. 15897 *bien avient o la proece Grant cortoisie et grant largece* u. v. 15915 *Largece et cortoisie ames, Si iert vostre pris corones*. An zweiter Stelle könnten wir auch noch in der theilweisen Uebereinstimmung der Eigennamen eine nähere Beziehung beider Dichter zu einander finden. Es kann für uns zwar von keinem besonderem Belang sein, dass auch sonst häufig vorkommende Namen in unseren beiden Gedichten wiederkehren wie Agravains, (Mer.: p. 222; Dur.: Engrevains v. 5436, 7152, 8485, 13743.) — Gavains, (Mer.: p. 56, 57, 115, 132, 133, 139, 142, 145, 215 u. ö. Dur.: v. 1804, 3247, 5433, 5850, 7146, 8191, 8410.) — Gaheriet, (Mer.: p. 77; Dur.: Gaharies v. 7153.) —

---

1) Foerster, Jahrbuch für rom. u. engl. Spr. u. Lit. XIII (I, N. F.) p. 194, 9 ff.)

Gladoins, (Mer.: p. 146; Dur.: Gladinax, Gladineax, Gladoins
v. 3247, 3601, 3716, 5299, 5308). — Guifrez, (Mer.: p. 77;
Dur.: Guivres v. 5890, 5994, 6184, 6952). — Lais-Hardiz,
(Mer.: p. 77; Dur.: v. 8477, 13131); Keuz, (Mer.: p. 37, 38, 39,
60; Dur.: Kes, Kez, v. 4438, 7005, 7082, 7660, 8353, 12946).
— Melianz de Lis, (Mer.: p. 163, 198, 199, 138, 246; Dur.:
8529). Eber dürfte zu erwähnen sein, dass Namen wie Fenice[1]
und Duvelyn sich in beiden Gedichten wiederfinden. Im Meraugis
(p. 12, 14 ff.) wird nämlich Lidoine wegen ihrer Schönheit mit
Fenice, der Gemahlin des Aelis verglichen (vgl. Cliget in Holland
Chrest. v. Troies p. 32).

Im Durmart wird ebenso der schönsten Dame, der Geliebten
Durmarts, der Name Fenise beigelegt. Auffallend ist, dass wir
den Namen der Königin von Irland erst im letzten Theile der
Erzählung (v. 14753, 15364) erfahren, der, wie wir gesehen, die
meisten Berührungspunkte mit Meraugis aufweist.

Der Name Duvelyn bezeichnet im Meraugis eine an der
äussersten Grenze des Artusreiches gelegene Stadt (p. 223, 17),
von welcher Schiffe herbeieilten, um Gawains Zug zur Befreiung
Lidoineus zu unterstützen.

Im Durmart (v. 6669, 7253, 7278, 8047) wird Duveline
als der Sitz eines Grafen Enor erwähnt. Vielleicht dürfte man
auch in der ähnlichen Verwendung der Namen Landoc und
Landemore einen Anklang finden können.

Im Meraugis ist es nämlich eine Jungfrau de Landemore
(p. 8, 10: wo statt Blanchesmores Landemore stehen muss, wie
p. 8, 19), welche das Tournier ausschreibt in Betreff des
Sperbers, und im Durmart heisst die Wiese, auf welcher dies
Tournier abgehalten wird, la pree de Landoc (v. 2005,
2014, 2042, 2316, 10594). Mit ebensoviel oder ebensowenig
Wahrscheinlichkeit können wir auch den Namen des Gegners
unseres Helden im Meraugis L'Outredouté (p. 80, 17; 83;
84; 85; 88; 108; 112; 154; 188; 189; u. ö.) mit dem Beiworte
eines Gegners Durmarts in Verbindung setzen, mit Creoreas le
redoté (v. 5692), wozu wir vielleicht eher berechtigt sind, da

---

1) vgl. II. Abschnitt Schluss.

auch die Charakterschilderung dieser beiden Ritter einige Aehnlichkeit zeigt (vgl. p. 80, 17 ff. Mer. u. v. 5692 ff. Dur.).

Schliesslich dürfte noch hervorgehoben werden, dass im Meraugis (p. 229, 22) der Held weisse Waffen erhält und deshalb *blanc chevalier* genannt wird, sowie dass ein *blanc chastel* (p. 177, 11) angeführt wird, während im Durmart dem Helden ähnlich von Brun weisse Waffen geschenkt werden (v. 5048), und Jozefents Residenz Blanche-Cité heisst, und dass ausserdem noch ein Grafensitz Blanche-Lande (v. 6705, 7747) sowie ein Land Blanches-Mores erwähnt werden (v. 6385, 6711, 8226).

Wörtliche Anklänge beider Gedichte lassen sich dagegen keine bemerken, wir müssten denn einen solchen in derselben Formel sehen wollen, die im Meraugis viermal und im Durmart einmal angewandt wird, um Gruppen von Personen zu bezeichnen, nämlich: Meraugis p. 40, 2 *ça XXX, là XX de la sus*; p. 40, 14 *ça XX; ça III, là V; ça VI*; p. 174, 3 *Çà V; ça X; ça XX; ça mains*; p. 176, 3 *Qu'il s'enfuient, çà un çà deus*; Durmart v. 13350: *Et cil de ost apres eals vienent Cha vint cha XXX cha XL Cha IIIIXX et cha sexante*. Doch thun wir gut mit Zingerle[1], der diese Parallelstellen auch schon angeführt hat, hierauf kein besonderes Gewicht zu legen.

Sehen wir indessen auch von den zuletzt erwähnten unwichtigen und zweifelhaften Punkten gänzlich ab, so dürfte doch aus der Aehnlichkeit in der Disposition und Technik, sowie aus den vielen gemeinschaftlichen Zügen in der eigentlichen Erzählung hinreichend hervorgehen, dass der eine Dichter dem anderen in Anlage und Ausführung seines Werkes gefolgt ist.

---

1) W. Zingerle: Ueber Raoul de Houdenc und seine Werke (eine sprachliche Untersuchung) p. 7. — In derselben ist p. 10, 6 statt Mer. 31, 6 — 21, 6 u. p. 10, 11 statt Mer. 187, 25 — 178, 25 zu lesen.

Theil II.

Welches der beiden Gedichte bildet die Vorlage?

Was wir über die Zeit der Abfassung beider Gedichte wissen, ist sehr wenig. Wir sind über dieselbe noch weniger unterrichtet, als über die der Werke Chrestiens von Troies [1]). In Betreff der Entstehungszeit des Meraugis de Portlesguez schwanken die Ansichten [2]) zwischen dem Ende des zwölften und dem ersten Viertel des dreizehnten Jahrhunderts. Michelant (Ausg. des Mer. Vorrede p. XI) entscheidet sich für die Ansicht, dass Meraugis noch im zwölften Jahrhundert entstanden ist, freilich ohne besondere Beweise dafür beizubringen. Denn was er als Raouls Eigenthümlichkeit gegenüber Chrestien von Troies anführt (l. c. p. XIII) »*il est plus recherché, quelquefois prétentieux, il aime l'enjambement, l'interrogation, dont il fait un fréquent usage etc.*« könnte eher ein Grund sein, ihn ins dreizehnte Jahrhundert zu setzen.

Das einzig Sichere, was sich darüber nachweisen lässt, ist, dass Meraugis vor dem Jahre 1228 vorhanden gewesen sein muss. Dies ergibt sich aus dem Schlusse des Tornoiement de l'Antechrist u. a. aus den Versen desselben: »*quant ils (sc. Chrestien et Raoul) distrent, ils prouvoient Le biau françois trestut à plain, Si com il leur venoit à main: Si qu'après euls n'ont riens guerpi*[3])«, wo also von Raoul als einem bereits Verstorbenen die Rede ist, ebenso wie von Chrestien. Huon de Mery dichtete aber sein »Tournoiement de l'Antechrist« um das Jahr 1228 [4]).

Ueber die Entstehungszeit des Durmart sind wir nicht einmal so genau unterrichtet, da sich weder in dem Gedichte

---

1) Holland, »Christien v. Troies« p. 12 ff., die Ansichten von Roquefort, Ginguené, Wilh. Grimm. Potvin, »Percev. le Gal.« VI., Appendice p. LX.
2) Holland, »Chrest. v. Troies« p. 11. Die Ansichten von Fauchet, Grosley, Tharbé u. a.
3) vgl. F. Wolf, l. c. p. 153 u. 154.
4) vgl. Tarbé, Chevalier de la Charrete p. XXVI; Michelant, Ausg. des Mer. Vorrede p. VI.

selbst Zeitangaben oder Andeutungen auf bestimmte Zeitverhältnisse noch auch in anderen Dichtungen Anspiegelungen[1]) auf Durmart finden, die einen sicheren Schluss zuliessen.

Professor Stengel setzt die erste Hälfte des XIII. Jahrhunderts (vgl. Ausg. p. 509 u. p. 518) als die vermuthliche Zeit der Abfassung unseres Gedichtes an. Foerster gibt als die äusserste Grenze für die Entstehungszeit des Durmart (Jahrb. p. 196) das Jahr 1244 an, doch spricht er (l. c. p. 199) die Vermuthung aus, dass das Gedicht spätestens am Anfange des XIII. Jahrhunderts, eher gegen Ende des XII. Jahrhunderts abgefasst sei. Was wir aus diesen Angaben folgern können ist, dass beide Gedichte entweder zur selben Zeit oder kurz nach einander entstanden sein müssen. Ersteres ist nach dem oben (Theil I) Angeführten nicht möglich. Indessen dürfen wir vielleicht noch einen weiteren Schluss wagen, der für die Priorität des Meraugis spricht, wenn wir die beiden Momente — dass wir für die Entstehungszeit des Meraugis wenigstens einen terminus ad quem angeben können, während sich in Betreff des Durmart nichts mit Sicherheit nachweisen lässt, und dass beide Gedichte nicht lange nach einander abgefasst sind — mit der ferneren Thatsache verbinden, dass Raoul bei seinen Zeitgenossen und Nachfolgern als Dichter in grossem Ansehen stand, während der Verfasser des Durmart vollständig unbekannt blieb. Für Ersteres finden wir ein Zeugniss bei dem mehrfach erwähnten Nachahmer und unmittelbaren Nachfolger Raouls de Houdenc, Huon de Mery, der in seinem »Tournoiement de l'Antechrist« unseren Dichter neben Chrestien von Troies als einen Meister der Sprache und Dichtkunst preisst[2]): »*Moult mis grant force à eschever Les dis Raoul et Chrestien; Qu'onques bouche de chrestien Ne dist si bien comme ils disoient.*« Auch der Name

---
1) Foerster, Ausg. des »Chevalier as deus Espees« glaubt (Vorrede LXIII) in der Entsetzung Tiganos durch combinirte Ausfälle aus zwei Festungen einen Anklang an die ähnliche Situation im Durmart gefunden zu haben.
2) Wolf, Denkschriften l. c. p. 154.

seines Helden in Meraugis findet sich in anderen späteren
Gedichten häufig wieder [1]). In Betreff des Verfassers des
Durmart wissen wir, wie schon bemerkt, nichts und auch der
Name seines Helden lässt sich sonst nicht nachweisen [2]). Wir
wüssten hierfür, bei der Uebereinstimmung, welche beide Gedichte zeigen, keinen genügenden Grund, wenn wir nicht
annähmen, dass Raouls Ruf als eines hervorragenden Dichters
begründet und sein Meraugis bereits vorhanden war, bevor ein
Dichter mit dem Durmart auftrat. Oder sollte vielleicht die
Ansicht berechtigt erscheinen, dass die ganze Tendenz des
letzteren, nicht im Einklang mit der Anschauungsweise seiner
Zeitgenossen stand, wenn wir nämlich die laxen Grundsätze
der jungen Gemahlin des Seneschals und die Aeusserungen der
Artusritter (v. 14880—14910) als den Ausdruck der Geistesrichtung jener Zeit betrachten dürfen? Auf diese Weise könnten
wir es uns wenigstens theilweise erklären, wie der Roman de
Durmart so gänzlich unbekannt bleiben konnte. Aber selbst
noch in diesem Falle wäre es wirklich auffallend, wie Raoul,
wenn er dem Dichter des Durmart obige Züge entlehnt, als
blosser Nachahmer in solchem Ansehen stehen, und der selbstständigere Autor vergessen werden konnte. Wir dürfen wohl
mit einiger Wahrscheinlichkeit annehmen, dass Raoul sein
Ansehen nicht so sehr durch seine allegorischen Gedichte[3]), wie
grade durch Meraugis begründete. Die Neuheit des Entwurfes,
die verhältnismässig strenge Durchführung des Grundgedankens
ohne ermüdende Weitschweifigkeit und unnöthige Zuthaten
unwichtiger Episoden, ferner die lebhaft lyrisch dramatische
Darstellungsweise, sowie endlich der sich häufig zeigende naive
Humor des Dichters[4]), dies alles konnte darauf hinwirken

1) F. Wolf. Denkschriften p. 182 ff.
2) E. Stengel, Ausg. p. 499.
3) Le songe d'Enfer, la Voie Voie de Paradis, le Roman des Ailes.
Ausg. A. Scheler (Trouv. belges N. S.).
4) Vgl. z. B. Mer. p. 112,17 u. 3; 122,20; 129,24; 130,23; 142,2;
145,13; 148,2; 151,15; 159,4; 159,17; 172,22; 192,17; 195,11—13; 227,6;
231,12; u. a. o.

dass sein Werk von den Zeitgenossen und seinen Nachfolgern
geschätzt wurde. Zu einem solchen Ansehen konnte der
Dichter des Durmart, der gleichsam einen zweiten Meraugis
mit dem Tugendmantel bekleidet, hervorbrachte, keineswegs
bei seinen Zeitgenossen aufsteigen. Ueberhaupt musste es
gewagt erscheinen, einen Ritter und Helden zugleich als eine
Art von Tugendspiegel anpreisen zu wollen. Denn die Ansicht
des Dichters, wie sie sich in seiner christlich moralischen
Tendenz[1] ausspricht, und als deren würdigen Träger und
Repräsentanten er seinen Helden zu verherrlichen sucht, ver-
trägt sich keineswegs mit den Forderungen, die der höfische
Geist des Mittelalters an das Ideal eines wahren Ritters stellte;
die breite, und bisweilen weitschweifige Art der Darstellung
aber war keineswegs geeignet, die Zeitgenossen für sein Werk
besonders zu begeistern; der etwas trockene und lehrhafte Ton
endlich, der nicht selten zu Tage tritt, sowie das sichtliche
Streben des Dichters, alles möglichst wahrscheinlich hinzustellen
— ein Zug, der sich durch die ganze Erzählung verfolgen
lässt (vgl. unten) — konnten dem Werke ebensowenig eine
günstige Aufnahme bei einer Zuhörerschaft verschaffen, deren
Hang zum Fantastischen so sehr genährt worden war.

Diese verschiedenen Momente mögen muthmasslich veranlasst haben, dass der Dichter des Durmart unbekannt blieb,
wenn wir auch geneigt sein sollten, Foersters[2] Ansicht beizu-
treten, dass der Roman de Durmart, was poetischen Werth
anbelangt, neben die Werke eines Chrestien von Troies gestellt
werden dürfe.

Indessen lassen wir dies einstweilen auf sich beruhen,
vielleicht gelingt es, aus einer Vergleichung beider Gedichte
bessere Beweise für die Annahme beizubringen, dass Meraugis
vor Durmart abgefasst sein muss.

---

1) Vgl. I. Th. A.
2) Vgl. Jahrb. für rom. u. engl. Spr. u. Lit. p. 195.

Zwei innere Gründe, die wir bereits angedeutet haben, sprechen von vornherein für die Wahrscheinlichkeit dieser Annahme: 2) Zunächst die im Durmart sich deutlich bekundende moralische Tendenz, von welcher sich im Meraugis, wie oben (Th. I, A.) nachgewiesen wurde, noch nicht die geringste Spur findet, sodann 3) die breite Behandlung des Stoffes im Durmart, die weitschweifige und langathmige Darstellung einzelner an sich einfacher Handlungen und Situationen, welche gegen die kurze und lebhafte Darstellungsweise sowie den raschen Fortschritt der Handlung im Meraugis stark absticht.

Weitere Gründe für die Wahrscheinlichkeit obiger Annahme ergeben sich, wenn wir die (Th. I, C.) nachgewiesene Uebereinstimmung in der technischen Anlage beider Werke näher ins Auge fassen. In der Technik des Durmart lassen sich nämlich einige Mängel und Schwächen nachweisen, die sich im Meraugis nicht finden. Auf Grund dieser Schwächen in ersterem dürfen wir wohl den Schluss ziehen, dass der Verfasser dieses Romanes zwar bestrebt war, Raouls Kunst nachzuahmen, dass ihm dies aber nur in geringem Masse gelang. 4) So sahen wir oben (I, C. 5), dass beide Dichter von demselben Streben geleitet werden, auf das Interesse des Zuhörers zu wirken, und dass sie zur Erreichung dieses Zweckes beide einen ähnlichen Kunstgriff verwenden. Es lässt sich jedoch nicht verkennen, dass der Erfolg bei beiden ein ungleicher ist; dem Dichter des Durmart ist er nämlich nicht in dem Grade gelungen wie Raoul. Dies hat, abgesehen davon dass dieser Kunstgriff im Durmart öfter verwendet ist, seinen Grund vorzüglich in der mehr realistischen Natur dieses Dichters, der alles möglichst glaubwürdig hinzustellen sucht, selbst auf die Gefahr hin, dass das Ganze an poetischem Werthe verliert. Wir sehen dies deutlich, wenn wir betrachten, wie die verschiedenen ausweichenden Antworten, die dem Helden gegeben werden, gehalten sind, und diese mit denen vergleichen, welche Raoul seinem Helden zu Theil werden lässt (I, C. 5). Während erstere nämlich, das stereotype »*je ne sai*« und »*je sui desvoies*« bietend, nur den

Verstand des Zuhörers beschäftigen, sind letztere derart, dass sie auch zugleich auf die Fantasie desselben wirken und ihr einen grösseren Spielraum lassen, indem sie theilweise etwas Dunkles und Geheimnisvolles in sich schliessen, wie die Antwort des Zwerges von dem Eintauschen der Ehre für Schmach (p. 62), der zehn Jungfrauen von dem Kreuze, wo Meraugis sich Raths erholen könne (p. 113), sodann die Inschrift des Kreuzes mit den mysteriösen Namen der drei Wege (p. 117) und schliesslich das unerklärliche Benehmen der beiden Jungfrauen und des Knaben auf dem Wege *sans nom* sowie deren dunklen Worte (p. 121).

5) Ein zweiter wunder Punkt, den wir, was die technische Anlage anbelangt, im Durmart constatieren können, betrifft die genaue Beobachtung der Zeit und die chronologische Anordnung der einzelnen Ereignisse (vgl. I, C. 6), die, wie wir oben gesehen, in beiden Gedichten zu erkennen ist.

Im Meraugis sind nämlich keine sich widersprechenden Zeitangaben zu finden, im Durmart dagegen mehrere[1]). So zunächst die Angabe, dass Durmars Roche-Brune an einem Freitage verliess, während wir aus den vorhergegangenen Zeitbestimmungen statt dessen Montag annehmen müssten. — Es wird nämlich erzählt, dass Durmars am Pfingsttage den Ritterschlag erhält, und in den folgenden vierzehn Tagen, die einzeln aufgezählt werden, gelangt er bis Roche-Brune, von wo er am nächsten, also am fünfzehnten Tage weiterzieht. Dies kann somit doch kein Freitag sein.

Einen ferneren Widerspruch enthält die Angabe, dass Durmars am Weihnachtsvorabende am Hofe des Königs Artus ankommt, während er doch seit dem Pfingstfeste, das nach ausdrücklicher Erwähnung in den Anfang Mai fällt, nur etwa vier Monate und drei Wochen nach der Darstellung des Dichters umhergezogen ist (vgl. I, C. 6). Diese beiden Widersprüche sind allerdings nur unbedeutender Natur und können durch

---

1) Vgl. Stengel, Ausg. p. 511.

geringe Aenderungen leicht beseitigt werden (Ausg. p. 512), sie sind daher auch nicht im Stande, obige Behauptung umzustossen, dass der Dichter bestrebt war, die einzelnen Ereignisse auch zeitlich genau abzugrenzen, was er an so vielen anderen Stellen deutlich bekundet. Wenn wir aber einerseits zugestehen müssen, dass dieser Zug im Meraugis äusserlich nicht so klar zu Tage tritt, wie im Durmart, und wenn wir andererseits aus den geringeren Angaben Raouls doch die einzelnen Zeitpunkte so bestimmen können, wie oben dargelegt wurde, so ist hierin ein weiterer Vorzug dieses Gedichtes vor Durmart zu finden, in welchem die Angabe der einzelnen Tage zu einer trockenen Aufzählung wird.

6) Noch ein dritter Grund dürfte für die Priorität des Meraugis sprechen. Beide Dichter verwenden zur Verknüpfung der Einleitung mit der eigentlichen Erzählung, wie schon bemerkt, (vgl. I, C. 3 u. D. 1) dasselbe Mittel, nämlich die Einführung eines Boten mit einer gewissen Meldung. Während aber im Meraugis das Auftreten des Zwerges dadurch motiviert erscheint, dass er den König Artus an seine Pflicht seinem Neffen Gawain gegenüber erinnert, ist im Durmart das Erscheinen des Pilgers vollständig unvermittelt, und wir erhalten den Eindruck, als sei es dem Dichter des Durmart bei Verwendung desselben Kunstgriffes nur um ein Bindeglied zwischen Einleitung und Erzählung zu thun gewesen. Diese Vermuthung erhält dadurch noch mehr Wahrscheinlichkeit, dass der Pilger ebenso plötzlich aus der Erzählung verschwindet, wie er gekommen ist (v. 1206). — Der Dichter scheint selbst den Mangel seiner Darstellung gefühlt zu haben, indem er wenigstens das plötzliche Verschwinden mit den Worten entschuldigt (v. 1208): »*Je ne quier plus a lui entendre*. — Der Zwerg im Meraugis tritt dagegen noch mehrfach auf und spielt überhaupt in der ganzen Handlung eine nicht unbedeutende Rolle (Th. I, C. 5, D. 5).

Ein noch sichererer Anhaltspunkt für die Annahme der Benutzung des Meraugis seitens des Durmart dürfte sich uns ergeben, wenn wir die Darstellung der in beiden Gedichten sich findenden Sperberepisode betrachten. Um zu einem entscheidenden Schlusse zu gelangen, werden auch die weiteren Gedichte zum Vergleiche heranzuziehen sein, in welchen diese Episode zur Verwendung kommt, nämlich der »Erec«[1]) Chrestiens von Troies und »Li biaus Desconneus«[2]) von Renauld de Beaujeu. Zur leichteren Beurtheilung möge eine kurze Analyse der Episode, wie sie die beiden genannten und unsere beiden Gedichte bieten, vorausgeschickt werden und zwar — für drei von ihnen wenigstens — in der Anordnung, wie sie entstanden zu denken sind.

7) Im Erec (v. 650 ff.) gelangt der Held auf seiner Fahrt nach Abenteuern eines Tages zu einem verarmten Ritter, dem Vater Enidens, der ihm von einem bevorstehenden Tourniere erzählt, in welchem ein Sperber als Kampfpreis ausgesetzt sei. Die schönste Dame solle den Sperber als Anerkennung ihrer Schönheit erhalten, aber jede, die darauf Anspruch machen wolle, müsse sich einen Ritter als Kämpfer mitbringen, der mit den Waffen ihre Forderung aufrecht zu halten im Stande sei. Erec erbietet sich, für Enide den Preis zu erringen, was ihm dann auch durch Besiegung Ydiers gelingt.

Aehnlich, nur mit geringer Zuthat ist diese Episode im »biau Desconneu« dargestellt (v. 1565 ff.).

Der »biaus Desconneus« begegnet auf seiner Fahrt, die er mit Helie und dem Zwerge zur Unterstützung der Tochter des Königs Gringar unternommen, einer Jungfrau Margerie, die ihm unter Weinen erzählt, dass ihr Geliebter im Kampfe um einen Sperber, der für die schönste Dame ausgesetzt worden, gefallen sei. Jede nämlich, die den Preis gewinnen wolle, müsse sich denselben durch ihren Ritter erkämpfen lassen. Li biaus Desconneus verspricht der Jungfrau, sich als ihr Kämpfer gegen den Widersacher ihres Geliebten zu stellen. In Gemeinschaft ziehen sie zu der Stelle, wo das Tournier abgehalten werden soll, und

---

1) Ausg. von Becker in Haupts Z. d. A. B. X. Berlin 1856.
2) Ausg. von C. Hippeau in d. »Collect. des poètes frç. du moyen âge.«

wo der eine Kampf schon stattgefunden hat. Der Held fordert die Jungfrau auf, den Sperber zu ergreifen. Der Eigenthümer desselben aber, Giflet, le fils d'O, erhebt dagegen Einwand, worauf sich die beiden Ritter zum Zweikampfe herausfordern, der mit der Besiegung des letzteren endet.

Dieser Darstellung kommt die des Durmart nahe, nur sind in diesem noch deutlicher die Erweiterungen zu erkennen. (v. 1888 ff.)

• Durmars trifft kurze Zeit nach seinem Auszuge zur Auffindung der Königin von Irland eben dieselbe — ohne sie zu erkennen. Sie berichtet ihm, dass sie zum Tourniere nach Landoc ziehe, zu welchem Ide de Landoc einen Sperber ausgesetzt habe, als Preis für die schönste Dame, wofür sie sich selbst halte. Wolle eine andere ihr den Rang streitig machen und den Sperber erlangen, so müsse dieselbe einen Kämpfer mitbringen, der dafür mit den Waffen gegen ihren Ritter Cardroain eintrete. Auf den Wunsch der Königin zieht Durmars mit nach Landoc, wo sie den Sperber auf einer goldenen Stange mitten auf einer Wiese allen sichtbar ausgestellt finden (v. 2339). Die Königin will den Sperber ergreifen, aber Nogans, den sie sich als Kämpfer mitgebracht, lässt sie schmählich im Stiche, sobald sich Cardroain zum Kampfe anschickt. Yde und Cardroain wollen nun gemäss der festgesetzten Bestimmung die Königin ergreifen, um sie ins Gefängnis zu werfen. Diese bricht in Thränen über ihr Missgeschick aus. Aber jetzt eilt Durmars herbei und stellt sich Cardroain entgegen. Beide greifen zu den Waffen. Cardroain wird besiegt und getödtet, und der Königin durch den Kampfrichter der Preis zuerkannt (v. 2665).

Ziemlich verschieden von den gegebenen drei Versionen ist die Darstellung im Meraugis (p. 8 ff.) Die Dame von Landemore hat ein Tournier ausrufen lassen. Der Preis des Siegers im Lanzenstechen soll ein Schwan sein, auch darf er das Mädchen von Landemore dreimal küssen. Der schönsten Dame aber soll ein Sperber als Auszeichnung zu Theil werden. Bei diesem Tourniere, welches zu Lindesores abgehalten wird, erhält der

Ritter Caulus nicht sowohl wegen seiner Tapferkeit, als weil er der Geliebte der Jungfrau von Landemore ist, und die anderen Ritter aus Freundschaft ihn den Preis gewinnen lassen, die Küsse und den Schwan. Der Preis der Schönheit aber, der Sperber, wird einstimmig Lidoinen zuerkannt. Als diese sich sodann zu der Fichte an der Quelle begibt, um den Sperber zu nehmen, der daselbst auf einer Lanze ausgesetzt ist, stellen sich ihr zwei Ritter vor, Gorveins Cadruz und ihr späterer Geliebter Meraugis.

Aus der Vergleichung der verschiedenen Versionen ergibt sich sofort zweierlei, erstens dass Erec, li biaus Desconneus und Durmars in ihrer Darstellung einander sehr nahe kommen, während Meraugis eine isoliertere Stellung einnimmt, und zweitens, dass li biaus Desconneus und Durmars als Erweiterungen des Erec aufzufassen sind — ob beide direct sich an Erec anlehnen, oder der eine zunächst aus dem anderen entnommen hat, wird weiter unten erörtert werden. —

Für den ersten Schluss sprechen verschiedene Momente. In den genannten drei Gedichten wird 1) für das Tournier nur ein Kampfpreis, der Sperber, ausgesetzt, 2) die Erlangung dieses Preises ist abhängig von dem Siege eines Ritters im Zweikampfe, 3) der Held zieht mit einer Dame zu dem Tourniere, kämpft und erringt für sie den Sperber.

Im Meraugis dagegen werden 1) zwei Preise ausgesetzt, ein Schwan für den tüchtigsten Ritter, und ein Sperber für die schönste Dame, 2) die Erlangung des Sperbers hängt nicht von einem Kampfe, sondern von dem blossen Urtheile der Zuschauer als Preisrichter ab, und 3) der Held nimmt an dem Tourniere nicht Theil, sondern trifft seine Dame erst nach demselben.

Für den zweiten Schluss spricht, dass im Erec nur von einem Kampfe, nämlich dem Kampfe des Helden gegen den Widersacher, die Rede, während im Descon. und Durm. von einem zweifachen Kampfe gesprochen ist, indem im Descon., bevor der Held für seine Dame den Sperber erringt, schon ein

Geliebter derselben im Kampfe um den Preis gefallen, während im Durm. Nogans zunächst der eigentliche Kämpfer der Königin ist, es aber in feiger Furcht gar nicht zu einem Kampfe kommen lässt, weshalb dann Durmars in die Schranken tritt.

Für die nähere Verwandtschaft des Desconneu zum Durmart sind noch einige kleinere Züge anzuführen, in denen sie gemeinsam vom Erec abweichen. In beiden trifft nämlich der Held mit der Dame auf seinem Zuge zufällig zusammen; in beiden erfährt er von der Dame die Nachricht von dem Tourniere, und in beiden weint die Dame, bevor der Held für sie gekämpft hat, über den Verlust des Sperbers. Kleinere Züge in der Darstellung dieser Episode, die Desconneus oder Durmars für sich allein mit Erec gemein hätte, aus denen wir das Verhältnis beider zu einander genauer bestimmen könnten, sind leider keine zu finden. Dagegen dürften wir im Meraugis auch aus der betreffenden Stelle einen Anklang an Erec und Durmart heraus fühlen. Was zunächst das Erstere anbelangt, so heisst es im Meraugis, dass die schönste Dame den Preis erhalten soll, p. 9, 7 »*Se sa robe ert perciée as coutes*«, was lebhaft an die lange Schilderung von der Armuth und Dürftigkeit Enidens im Erec erinnert (v. 396 ff.), »*qui fu vestue D'une chemise par pans lee, Delie blanche et ridee. Un blanc chainse et vestu sus; N'avoit robe ne moins ne plus, Mais tant estoit li chainses vies Que as coutés estoit percies*«. Darin aber, dass der Sieger des Tournieres im Meraugis von der Dame de Landemore drei Küsse erhält, könnten wir einen schwachen Anklang an die Stelle des Durmart finden, wo Cardroain von seiner Geliebten, Ydain, bevor er sich zum Kampfe mit Nogant anschickt, ebenfalls dreimal geküsst wird.

Vielleicht gelingt es aber aus einer Vergleichung des übrigen Inhaltes der vier Gedichte ihre Stellung zu einander noch genauer zu ermitteln. Zunächst seien die einzelnen Berührungspunkte, welche Erec zu den anderen und diese unter sich zeigen, zusammengestellt.

a) Erec und Meraugis:

1) Erec v. 537 ff. preist der Vavassor Erec gegenüber seine Tochter Enide mit den Worten: »*C'est mes deduis, c'est mes deporz, C'est mes solas, c'est mes conforz, C'est mes avoirs, et mes tresors, Je n'ain tant riens comme son cors.*« Einen ähnlichen Ausdruck findet die Liebesklage des Meraugis um Lidoine: Mer. p. 208, 7—22 »*C'est mes deduits, c'est mes depors, C'est ma joie, c'est mes confors, C'est quanque j'aim, c'est ma poissance, C'est ma baniere, c'est ma lance, C'est mes escutz, c'est ma proesce, C'est ma cheance, etc.*«

2) Erec v. 3341 ff. erinnert das Benehmen und die Situation, in welcher sich Enide dem Grafen gegenüber befindet, (dem sie auf sein Anerbieten, ihn zu heirathen, zwar zustimmend antwortet v. 3349: »*je ferai vostre plesir*«, obwohl sie anderen Sinnes ist v. 3368: »*el pense cuer que ne dit boche*«) an die ähnliche Lage, in welcher sich Lidoine Belchis le lais gegenüber befindet, und an dasselbe Benehmen, welches sie beobachtet. Auch sie antwortet jenem zustimmend auf seine Werbung: Mer. p. 164, 15 »*. . je serai ci Tant com vostre plaisir sera*«, aber auch sie denkt anders: p. 165, 17 »*mes el pensa.*«

3) Erec v. 3573 ff. kämpft der Held mit einem Gegner, der blos Schild und Lanze als Waffen bei sich führt: v. 3577 »*n'ot que lescu et la lance. En sa proesce ot tel fiance Qu'armer ne se vost autrement.*« Ebenso kämpft unser Held im Mer. p. 72, 11 ff. mit einem Ritter, Laquis de Lampagrès, dessen einzige Waffen Schild und Lanze sind, p. 72, 19 »*Cil qui ist du gué n'avoit Train, ne chevestre, n'esperon, Ne n'avoit verge, ne baston Fors la lance et l'escu adroit.*«

4) Erec v. 4833 ff. setzt das plötzliche Erscheinen des todtgeglaubten Erec die Ritter so sehr in Schrecken, dass alle im Glauben, es sei ein Geist, vor Furcht die Flucht ergreifen v. 4833: »*Li chevalier saillent des tables, Qui cuident que ce soit deables, Qui leans soit entr'aus venus. N'i remaint iones ne chenus*«. Aehnlich ergeht es den Schlossbewohnern im Mer.

p. 141 5 ff., als plötzlich der todtgeglaubte Meraugis vor sie tritt; die Dame p. 145, 13 »*Ot paour et saut de la table Plus de sept fois por le deable Se seigne.*«

5) Erec v. 4905 erinnert an Meraugis p. 197 ff. In ersterem eilt Guivres auf die Nachricht, dass Oringles de Limors Eniden zwingen will, ihn zu heirathen, zu ihrer Befreiung herbei. Erec aber, der als Schwerverwundeter nach Oringles' Burg gebracht worden war, hat seine Geliebte schon gerettet. Aehnlich wird Meraugis durch Melianz als Todtwunder nach Monthaut gebracht, wo auch seine Geliebte sich befindet, die ebenfalls zu einer Heirath gezwungen werden soll. Gorveinz Cadruz eilt zu ihrer Befreiung herbei, ebenso Gawein, aber vorzüglich durch den Helden wird sie gerettet.

6) Erec v. 6000 ff. enthält einen Anklang an Mer. p. 133. In ersterem erzählt Mabonagrains Erec nach dem Kampfe, dass er gezwungen sei, so lange in dem Garten zu verweilen und mit jedem, der denselben betrete, zu kämpfen, bis ein Ritter komme und ihn überwinde. Ebenso berichtet Gawain nach dem Kampfe Meraugis, dass er solange auf der Insel der Dame verbleiben müsse, bis ein Ritter ihn im Zweikampfe besiegt habe. Mit Jedem aber, der auf die Insel komme, sei er gehalten auf Tod und Leben zu kämpfen.

Verwandte Gedanken treffen wir ferner: 7) Erec v. 45 ff. mit Mer, p. 8; 8) Erec v. 289 ff. mit Mer. p. 38 ff.; 9) Erec v. 396 ff. mit Mer. p. 9; 10) Erec v. 585 ff. mit Mer. p. 103; 11) Erec v. 4679 ff. mit Mer. p. 200.

Da diese verschiedenen Züge, welche Meraugis mit Erec gemeinsam hat, weder im Desconneu, mit welchem Meraugis inhaltlich überhaupt keine Berührungspunkte aufweist, noch im Durmart wiederkehren, so wird sie Raoul direkt aus Erec entlehnt haben.

Im Durmart finden sich keine mit Erec übereinstimmenden[1]) Züge, die nicht zugleich auch im Desconneu enthalten sind;

---

1) Vgl. Abschnitt II, 3.

diese werden wir deswegen gleich den dem Erec und Desconneu gemeinsamen Punkten anfügen.

b) Erec — Desconneus — und (Durmars).

1) Erec v. 1680 ff. u. v. 1923 ff. enthaltend das Verzeichnis der Artusritter erinnert an Descon. v. 31—51 u. v. 5369—5466 sowie an Dur. v. 6646—6732, letzteres allerdings nur schwach.

2) Erec v. 4288 ff. stimmt inhaltlich überein mit Descon. v. 699 ff. Der Held eilt einer weinenden Jungfrau zu Hülfe, die sich in der Gewalt zweier Riesen befindet, und besiegt dieselben im Kampfe. Als eine Erweiterung dieser Episode könnte man Durmart v. 5604 auffassen, wo der Held fünf Jungfrauen gegen sieben Raubritter zu Hülfe eilt[1]).

3) Erec v. 2815 ff. enthält ebenso wie Descon. v. 950 ff. eine Beschreibung des Kampfes des Helden mit drei Robeors. Da diese Beschreibung auch in kleineren Zügen übereinstimmt, so mögen dieselben kurz in einer Analyse derselben hervorgehoben werden. In letzterem erscheinen drei Robeors, welche den Helden anzugreifen Miene machen. Robers, der Diener, macht den letzteren auf jene aufmerksam. Helie, die Führerin des Helden, wirft ihnen vor, es sei ungeziemend, zu dreien mit einem zu kämpfen — Reflexion des Dichters über denselben Punkt. — Der Held kämpft dann nach einander mit den Robeors, besiegt und tödtet den ersten, überwindet dann auch die beiden anderen und schickt sie an den Hof des Königs Artus.

Auch im Erec wollen drei Robeors den Helden, ehe derselbe sie noch bemerkt, angreifen; Enide aber sieht sie herankommen. Auch hier spricht Enide für sich, es sei ein ungleicher Kampf, drei gegen einen. Ebenso, wie dort, reflectiert auch hier der Dichter über diesen Punkt. Ferner wird auch hier der Held — durch Enide — auf die Räuber aufmerksam gemacht, und ebenso kämpft hier der Held mit den dreien nach einander. Der Ausgang des Kampfes ist ebenfalls ein ähnlicher, der erste wird getödtet, die beiden anderen aber werden verwundet.

1) Vgl. Bethge, »Wirnt v. Gravenberg« p. 17, Anm. 1.

4) Erec v. 1780 ff., ebenso wie Descon. v. 240 ff., sagt Artus, dass er als König verpflichtet sei, sein gegebenes Wort zu halten, seine Worte lauten (Erec 1781): »*Ie sui rois, ne doi pas mentir, Ne vilenie consentir Ne fauseté, ne desmesure*«; und ähnlich (Descon. v. 241): »*Rois sui: si ne dei pas mentir, Ne covent à nului faillir.*«[1])

5) Erec v. 6696 ff. werden die verschiedenen Künste *Gyometrie, arimatique, musique* und *astronomie* aufgezählt, welche die vier Feen verstehen, und in ähnlicher Weise Descon. v. 4848 ff. *arimetiche, dyometrie, nigremance* und *astrenomie*, deren Kenntnis sich Blanchesmains rühmt²).

Stellen wir nun noch die Berührungspunkte des Desconneu mit Durmart³) zusammen.

c) Desconneus und Durmars.

1) Descon. v. 1260 ff. enthält einen Anklang an Dur. 1675 ff. In ersterem kämpft der Held mit einem Ritter wegen eines Hundes, den er für seine Begleiterin auf ihre Bitte gefangen hat⁴). Der Ritter wird besiegt, und der Hund ist der Siegespreis, den der Held der Dame überlässt. In letzterem besiegt der Held einen Ritter und erhält ebenfalls einen Hund. Denselben schenkt er der ihm begegnenden Königin von Irland, welche ihn darum bittet.

2) Descon. v. 53—70 erinnert an Dur. v. 9943—9970 und enthält eine Schilderung der von Kez getroffenen Vorbereitungen zu einer Mahlzeit der Artusritter, ähnlich der im Dur. an der angeführten Stelle.

3) Descon. v. 6070 ff. sowie Dur. v. 15300 schildern den prächtigen Empfang, der dem Helden und seiner Geliebten in der Heimath bereitet wird.

4) Descon. v. 5498—5960 klingt an Dur. 6969—8738

---

1) Vgl. Cleomadès v. 2019, 2350.
2) Vgl. mit Desc. noch Erec v. 633 ff., 741 ff., 806 ff., 884 ff
3) Vgl. Prof. Stengel in Gröbers Zeitschreift, B. I, 1877
4) Vgl. Garin de Monglane, der besonders im σ reiche Berührungspunkte mit Dur. aufweist.

In beiden wird ein grosses Tournier beschrieben, in welchem der Held sich vor allen auszeichnet.

Aus der Zusammenstellung der übereinstimmenden Züge von Erec, Desconneu und Durmart ist sofort ersichtlich, dass: 1) li biaus Desconneus einzelne Züge blos mit Erec, 2) andere blos mit Durmart, und endlich 3) einige mit beiden zusammen gemeinsam hat. Hieraus dürfen wir den Schluss ziehen, dass »li biaus Desconneus« das Mittelglied zwischen Erec und Durmart bildet, was uns schon die Vergleichung der Sperberepisode vermuthen liess. Da nun, wie bemerkt, Meraugis und Descon. keine Züge mit einander[1]), jeder aber für sich einige mit Erec gemeinsam haben, so folgt, dass sowohl Raoul wie Renauld de Beaujeu unabhängig von einander aus Erec entlehnt haben. Ihre Gedichte werden daher wohl ungefähr zur selben Zeit verfasst sein. Da aber ferner Meraugis direkt aus Erec entlehnte Züge aufweist, Durmars aber indirekt durch Desconneu von Erec abhängig ist, so können wir auch annehmen, dass die im Meraugis und Durmart sich findenden gemeinsamen Züge aus ersterem stammen. Kommen wir nun noch einmal auf die Sperberepisode zurück, so haben wir die Entwicklung derselben etwa folgendermassen zu denken.

Durmars bildet eine Erweiterung und theilweise Verschmelzung des Desconneu mit Meraugis. Im Grossen und Ganzen folgt Durmars dem ersteren, nur das eine Moment im Meraugis, dass Caulus nicht wegen seiner Tapferkeit den Preis erlangt, mag er zu der Scene des Feiglings, Nogant, ausgeführt haben.

Eine Erklärung der abweichenden Darstellung dieser Episode im Meraugis dürfte nicht so leicht zu finden sein. Auf zwei Abänderungen kann Raoul allerdings sehr leicht von selbst verfallen sein, nämlich 1) dass er dem Helden und Sieger im Zweikampfe einen Preis ertheilen lässt, und 2) dass er die Ertheilung des Sperbers als Preis der Schönheit von dem Urtheile der Zuschauer als Preisrichter abhängig macht und nicht von

---

1) Vgl. indessen unten (S. 55).

einem Kampfe; denn das erstere ist ein alter Brauch, und das zweite ist jedenfalls viel natürlicher. Dagegen muss es uns seltsam erscheinen, dass im Meraugis dem Sieger als Preis ein Schwan geschenkt wird. Ein Schwan ist doch eine sehr sonderbare Auszeichnung für die Tapferkeit eines Ritters. Sollte hier vielleicht ein kleines Missverständnis mitgewirkt haben? Zu dieser Vermuthung könnte leicht die Betrachtung der deutschen[1]) und englischen[2]) Version des biau Desconneu führen. Im Wigalois (v. 2515) ist als Siegespreis ausgesetzt: »... *das schonist pfaerit Und ein sitech, der wol sprach*« und von dem Pferde heisst es (v. 2543): »*das pfaerit was blanc alsam ein swan*«. Im englischen »ly beaus Disconus« soll der Sieger (v. 728): »*A gerfaucon whyt as swan*« erhalten. Da eine Benutzung der deutschen oder englischen Texte seitens Raouls natürlich ausgeschlossen ist, so könnte nur an eine Beeinflussung ihrer gemeinsamen französischen Vorlage gedacht werden, die in diesem Punkte von dem Hippeauschen Texte abgewichen sein müsste. Zu einer ähnlichen Annahme führt dann ebenfalls das sowohl in der englischen wie deutschen Bearbeitung des Desconneu die Entscheidung über die Verleihung des Preises, wie im Meraugis, dem Urtheile der Zuschauer anheimgegeben wird. In der ersteren werden die beiden Damen auf einem öffentlichen Platze zur Schau ausgestellt (v. 735): »*To se yn lengthe and brede*« (Hippeau) und erst da sich herausstellt, dass die Meinungen getheilt sind, kämpfen der Held und Gyffroun mit einander. Im Wigalois wird der Jungfrau einstimmig der Preis zuerkannt, ein Ritter aber nimmt ihr denselben weg und keiner der Anwesenden wagt, mit ihm zu kämpfen (v. 2586): »*des noch ers hin ungestriten*«, worauf dann der Held[3]) als Kämpfer der Jungfrau auftritt.

1) Ausgabe: 1) Beneke: »Wigalois des Wirnt v. Gravenberg«, 1819.
2) Franz Pfeiffer, »Dicht. des deutschen Mittelalters«
2) Ausgabe: 1) Hippeau, »Le bel inconnu« p. ?
Ancient english metrical romances; London, 18
(2130 ZL)
3) Der Name Desconneus findet sich so

Doch kehren wir nun zu unserem eigentlichen Thema zurück und suchen wir aus der Vergleichung des Inhaltes der beiden Gedichte weitere Gründe für die Priorität des Meraugis vor dem Durmart beizubringen. Einen solchen dürften wir in der mangelhaften Motivierung des Verlustes der Geliebten finden können (vgl. Th. I, D. 9).

8) Im Meraugis können wir überhaupt kaum von irgend welcher Motivierung dafür sprechen; denn wir sehen keinen Grund, weshalb Meraugis seine Geliebte in der Stadt *sans non* zurücklässt, nachdem er Gawain befreit und mit ihm das Schiff bestiegen hat, wir müssten denn annehmen, er sei so sehr von dem einen Gedanken an die Rettung seines Freundes erfüllt, dass er seine Geliebte bis zu seiner Ankunft in Handiton vollständig vergessen habe, — dies würde mit der Darstellung im Durmart übereinstimmen —. Diese Annahme ist indes, abgesehen davon, dass der Dichter keine derartige Andeutung macht, kaum zulässig, da der Held ja alle Abenteuer nur deshalb unternimmt, um sich der Liebe Lidoinens würdig zu erweisen. Wenn wir auch, wie schon angedeutet, annehmen wollten, dass der Gedanke an sie zurücktrat, solange das Interesse von dem Kampfe und der Befreiung Gawains in Anspruch genommen war, so musste er doch nachher, sobald sich der Freund ausser Gefahr befand, wieder zu seiner vollen Geltung kommen. — Nicht besser ist es mit dieser Motivierung im Durmart bestellt (vgl. Th. I, D. 9). Dass Durmars, nachdem er durch den Kampf mit Fel de la Garde Gladinel befreit, den Weg zum rothen Zelte verfehlt, und zwar weil er in Gedanken an seine Geliebte vertieft, der Richtung nicht achtet, in welcher sein Pferd dahinschreitet, liesse sich allenfalls noch rechtfertigen; aber dass der Held mehr denn zwanzig Meilen reitet, ohne im

---

Flamenca« ed. P. Meyer v. 671 vgl. p. 285 Anm. 1. b) Lexique rom. I. 49, a. 36 »Roman de Jaufre«: »*E Foi lo bels desconeguts*«. c) Rochat »Ueber einen bisher unbek. Perchev. li GnL.« p. 24. d) »Le Saint Graal« ed. Hucher II. 131, 5: »*Hevalach li Mesconnéus pour çou estoit apieles li mesconnéus que nul hom ne savoit de quel pais il estoit nés, ne de quel liu il estoit venus*«. Vgl. Bethge »Wirnt v. Gravenb.« p. 21 u. 22

Mindesten zu merken, dass er vom rechten Wege abgekommen ist, während er doch vorher, wie ausdrücklich erwähnt wird, nur geringe Zeit braucht, um vom rothen Zelte bis zum Kampfplatze zu kommen, und dass er ferner während dieser ganzen Zeit nur an die Königin von Irland denkt, ohne sich auch nur ein einziges Mal der in dem Zelte zurückgelassenen Gefährtin zu erinnern, die ihn doch, wie sie kurz vorher fest versprochen hat, zu seiner geliebten Dame hinführen will, ist widersinnig.

Der Umstand, dass Meraugis keine eigentliche Motivierung und Durmart eine so ungenügende bietet, dürfte wohl für die Priorität des ersteren sprechen. Der Verfasser des Durmart mochte jenen Mangel im Meraugis bemerkt und zu beseitigen gesucht haben. Eine gute Aushülfe bot ihm der Perceval[1]) und aus seinem Hinweise (v. 3741): *Onques Percevaus li Galois Ne fu de penser si destrois Quant le vermel sanc remira Comme sire Durmars fu la* können wir mit Sicherheit entnehmen, dass er diesen Zug aus jenem entnommen hat; nur verwickelte er sich dabei in verschiedene Widersprüche.

Noch einige Punkte im dritten Theile der Erzählung seien hervorgehoben, die ebenfalls andeuten, dass Durmars nach Meraugis abgefasst wurde.

Aus der oben (Th. I, D. 11 ff.) gegebenen Analyse dieses Theiles konnten wir schon entnehmen, wie die allmähliche Entwickelung der Ereignisse und die kritische Situation des Helden am Schlusse des Ganzen im Meraugis sich naturgemäss ergibt, während Durmars einzelne Züge aufweist, die gänzlich unvermittelt eingeführt sind. Suchen wir dies jetzt näher zu begründen.

9) Dass im Meraugis (p. 165) Lidoine, von Belchis li lais gefangen gehalten, sich im Glauben, Meraugis, ihr Geliebter, sei todt, um Hülfe an Corveinz Gadrus und den König Artus wendet, und diese dann zu ihrer Befreiung herbeieilen, ist vollständig motiviert; denn Gorveinz Cadrus hat ihr schon früher

---

1) Vgl. Potvin »Perceval le Gal.« II. v. 5575 ff.

seine Dienste angeboten (p. 20), und mit Artus, der ihr schon einmal sein Wohlwollen durch die Entscheidung über die Streitfrage des Geliebten mit seinem Nebenbuhler bewiesen, ist sie näher befreundet. Anders verhält es sich im Durmart. Hier ist es Nogans, der Artus zu Hülfe ruft (v. 12708—12749). Bis zu diesem Zeitpunkte aber erfahren wir nichts darüber, dass Nogans in irgend welcher Beziehung zum Artushofe steht, vielmehr geht aus der ganzen vorhergegangenen Darstellung das Gegentheil hervor, sodass das plötzliche Hülfegesuch Nogants an König Artus, wie die Einführung der Tafelritter, ziemlich unvermittelt erscheinen muss. 10) Auch das Motiv, welches Artus dazu bewegt, Nogant zu unterstützen, — dieser verspricht ihm nämlich zwanzig Städte und Reichthümer — scheint auf ein jüngeres Alter Durmarts hinzuweisen. Aehnlich wie in den ältesten Karlsepen Karl stets als der unübertreffliche Held, dessen erste Pflicht es ist, den Unterdrückten beizustehen, dargestellt ist, und erst spätere Gedichte ihn auch mit Fehlern und Schwächen behaftet erscheinen lassen[1]).

Vollends unvermittelt und unmotiviert ist, dass der Dichter den König Artus, da derselbe sich entschlossen hat, Nogant zu Hülfe zu eilen, Boten an König Jozefent entsenden lässt (v. 12763), damit derselbe an dem bevorstehenden Kriegszuge Theil nähme; denn Jozefens steht bis zu dieser Zeit, ebensowenig wie Nogans, in irgend welchem näheren Verhältnisse zum Artushofe, wenigstens findet sich in der vorhergegangenen Erzählung nicht die geringste derartige Andeutung, obschon sich dazu öfters Gelegenheit geboten hätte, so besonders an der Stelle (v. 4910 ff.), wo die Königin Durmart bittet, Ritter der Tafelrunde zu werden, oder (v. 8769 ff.) wo Geogenans dem Könige Artus Aufschluss über den fremden Ritter — Durmart —

---

1) Vgl. Jahrb. IV. Krit.-Anz. p. 218 Herz, »Das Rolandsl.« A. Wolf, und Magnin, »Journal des Savants« Décembre 1852 über »La chanson de Roland, poëme do Théroulde ed. par. F. Génin (p. 766—777).

ertheilt, und ebenso da, wo (v. 9913 ff.) König Artus Durmart mit den Rittern und Damen seines Hofes bekannt macht. Weshalb der Dichter gerade Jozefent auch an dem Zuge Theil nehmen lässt, ist sehr leicht einzusehen. Er wollte dadurch nur einen grösseren Schlusseffect durch die Wiedererkennungsscene zwischen Vater und Sohn herbeiführen. Der Umstand aber, dass diese Einführung Jozefents nicht recht mit der vorhergehenden Erzählung vermittelt, und jener Schlusseffect auf eine etwas gezwungene Weise erzielt wird, ruft bei uns den Eindruck hervor, als habe der Dichter des Durmart versucht, es Raoul hierin gleichzuthun.

Die Abweichung aber, die wir darin finden, dass im Durmart der Held vor der Ankunft der Artusritter schon viele Kämpfe bestanden hat (v. 11639—12682), während Meraugis bis zu dieser Zeit (p. 200-225) thatenlos im Schlosse verweilt, ist dadurch bedingt, dass ersterer heil und gesund im Mühlenschlosse angekommen ist, während letzterer als Schwerverwundeter nach Monthaut gebracht wurde. Diese letztere Abweichung des Durmart von Meraugis mag der Verfasser des Durmart eben deshalb gewählt haben, um die vorerwähnte Kampfschilderung passend anbringen zu können, ebenso wie er auch nach der Ankunft der Artusritter nach den beiden Einzelkämpfen des Helden regelrechte Massenkämpfe stattfinden lässt. Da diese Abweichungen als blosse Erweiterungen und Zusätze zu betrachten sind, so dürfen wir auch hieraus auf die Priorität des Meraugis schliessen.

Ganz dasselbe lässt sich auch von der Art, wie beide Dichter die schliessliche Lösung des Conflictes herbeiführen, sagen.

Im Meraugis ergibt sich dieselbe aus den vorausgehenden Ereignissen mit innerer Nothwendigkeit (vgl. I, D. 18). Meraugis befindet sich im Schlosse seines Gegners und schickt sich an, mit seinem Nebenbuhler und dessen Verbündeten, die das Schloss belagern, zu kämpfen. Durch blosse Tapferkeit kann er sich selbstverständlich nicht aus diesem Dilemma befreien. Er nimmt daher seine Zuflucht zu einer List. Er gibt sich nach kurzem

Kampfe Gawain zu erkennen und bittet ihn, sich als Gefangener zu stellen und ihm Treue zu schwören, womit dieser aus Dank für die frühere Befreiung durch Meraugis einverstanden ist. Ebenso vermag er dann auch die Ritter im Schlosse dazu, ihm den Treuschwur zu leisten. Darauf gibt er sich auch ihnen zu erkennen, die nun durch ihr gegebenes Wort gehalten sind, von einem Kampfe mit dem Helden abzustehen, und ihr Anführer, der noch unschlüssig ist, wird durch Melianz de Lis, gezwungen, gute Miene zum bösen Spiele zu machen und Meraugis die Geliebte zu überlassen (p. 224, 17—247, 25).

Ziemlich verschieden von dieser Darstellung ist die des Durmart (vgl. I, D. 18).

Auch hier lässt der Dichter den Helden in einer solchen Lage erscheinen, aus welcher seine Tapferkeit allein ihn nicht zu retten vermag. Mit der geringen Zahl seiner Genossen im Mühlenschlosse würde Durmars, wie der letzte Ausfall bewiesen hat, auf die Dauer der überlegenen Zahl der Belagerer und der Tapferkeit der Artusritter nicht Widerstand leisten können. Wie führt nun der Dichter einen für den Helden doch noch glücklichen Ausgang herbei? Er lässt Jozefens den Vorschlag machen, Durmart, den er an seiner Rüstung zu erkennen glaubt, und die Königin unter dem Versprechen sicheren Geleites zu einer Zusammenkunft einzuladen, um von ihnen die eigentliche Ursache des Krieges und der Zwistigkeiten zwischen Nogant und der Königin zu erfahren (v. 13635). Eine recht gezwungene Lösung.

Zunächst sehen wir nicht recht ein, wie blos Jozefens und keiner von allen Artusrittern Durmart an seiner Rüstung erkennt. Wir sollten doch erwarten, dass Gawains, der mit ihm kämpft, ihn eher an seinen Waffenkleidern erkennt, als Jozefens, der nur aus der Ferne dem Kampfe zusieht. Wenn bei Jozefent die Ahnung des Vaterherzens gesprochen hätte, so könnten wir es schon gelten lassen, aber sein Herz sagt es ihm eben nicht, dass der tapfere Ritter sein Sohn ist.

Dies lässt sich indessen noch theilweise aus dem Streben

Noch deutlicher zeigt das Gezwungene des Uebergangs zur Schlussscene der Zweck, welchen der Dichter Jozefens für seinen Vorschlag angeben lässt, nämlich die Ursache des Zwistes zwischen beiden Parteien zu erfahren. Also jetzt erst, nachdem der König Artus ein grosses Heer aufgeboten, zum Kriege gerüstet, einen weiten Zug unternommen hat und schon einige Tage gekämpft worden ist, jetzt, da schon sichere Aussicht vorhanden ist, den Gegner zu überwinden, soll man nach der Ursache des ganzen Streites fragen? Erklärlich finden wir diese mit den Haaren herbeizogene Motivierung nur in dem Streben des Dichters, es Raoul gleichzuthun.

Schliesslich müssen wir noch einer auffallenden Abweichung gedenken.

Im Meraugis bricht Gorveinz Cadruz plötzlich aus seinem Lager auf und eilt fort nach Cavalon, schickt aber an Meraugis eine Herausforderung zum Zweikampfe. In diesem wird er besiegt und beide versöhnen sich wieder. Das Ganze schliesst also harmonisch und befriedigend ab (v. Th. I, D. 19).

Anders dagegen im Durmart. Auch Nogans ist plötzlich aus seinem Lager fortgeeilt und zwar geflohen (v. 14711). Weiteres meldet der Dichter nicht über ihn. Hier vermissen wir jede poetische Gerechtigkeit. Wir sollten doch erwarten, dass Nogans, der aus blosser Rachsucht für die selbstverschuldete Schmach und aus angeborener Boshaftigkeit einen ungerechten Krieg unternommen, das ganze Land verwüstet und sich in gewaltsamer und frevelhafter Weise der Besitzthümer einer wehrlosen Königin bemächtigen will, der verdienten Strafe nicht entgehen werde.

Einen Grund für diese vom Meraugis abweichende Darstellung des Durmart können wir allerdings leicht einsehen.

Gorveinz Cadruz erscheint uns nämlich im Meraugis stets als ein tüchtiger Ritter und ein nicht unwürdiger Nebenbuhler des Helden. Es hat daher nichts Ueberraschendes, wenn er sich als solcher auch bis ans Ende bewährt, und Meraugis ihm, dem im ehrlichen Kampfe Ueberwundenen, die Hand zur Versöhnung reicht. Nogans dagegen tritt uns im Durmart von Anfang an als ein feiger und gemeiner Charakter entgegen, so in der Scene mit Cardroain bei dem Tourniere um den Sperber (v. 2352—2506) und ebenso bei seinem hinterlistigen Ueberfall und Angriff auf den schwerverwundeten Helden nach dem Tourniere (v. 2769 — 2840). Dieser Darstellung würde es nicht entsprochen haben, wenn der Dichter einen ähnlichen Schluss wie Raoul in seinem Meraugis hätte herbeiführen wollen. Deshalb liess er einfach jene Schlussscene weg.

Aus der bisherigen Untersuchung dürfte wohl hervorgehen, dass der Dichter des Durmart in der Disposition (Th. I, B.) und äusseren Anlage des Ganzen (Th. I, C.), sowie in der verhältnismässig strengen Durchführung des Grundgedankens und in der Verwendung vieler Einzelzüge (Th. I, D.) Raoul, und in einigen anderen Punkten Renauld de Beaujeu (Th. II, 7) gefolgt ist. Da nun Raouls Meraugis um dieselbe Zeit wie der Desconneu entstanden sein muss, so dürften wir wohl das Ende des zwölften Jahrhunderts als die Zeit der Abfassung beider Gedichte ansehen, wenn wir uns nämlich Bethge's Nachweis[1]) in Betreff des Desconneu aneignen. Als frühestes Datum für die Entstehung des Durmart ergäbe sich danach der Anfang des dreizehnten Jahrhunderts. Was Foerster zum Beweise seiner im Jahrbuch (p. 197) ausgesprochenen Ansicht beibringt[2]), dürfte auf Meraugis kaum Anwendung finden. Er behauptet nämlich, der Dichter des Durmart stehe Chrestien von Troies unbedingt näher als dem Verfasser des Meraugis, und begründet dies nur mit folgenden Worten: »Was bei Chrestien Schönheiten und Feinheiten waren, ist bei Raoul stark übertrieben, und dabei macht sich ein Hereinziehen der Allegorie in einer Art bemerkbar, von der bei unserem Dichter (sc. des Durmart) ebensowenig

---

1) Bethge, »W. v. Gravenberg« p. 20 ff. und vgl. II, Th. 7.
2) Vgl. Einleitung p. 1 ff.

wie bei Chrestien nichts (sic!) zu finden ist, wie sie aber bei späteren Dichtern, beispielsweise bei Baudouin de Condé zur Hauptsache wird. Dasselbe gilt von den Wortspielereien ... etc.« Was das Hereinziehen von Allegorien anbelangt, so ist davon im Meraugis keine Spur zu finden, und Foerster hatte dabei auch wohl nur die allegorischen Gedichte Raouls im Sinne. Wortspiele wendet Raoul in seinem Meraugis mehrere an, so p. 52, 19—25; p. 81, 23; p. 124, 9—12; p. 194, 3—7; p. 212, 16 — doch tritt dieser Zug nicht so zu Tage, dass wir hieraus schon zu dem Schlusse berechtigt wären, ihn später als Durmart anzusetzen. Jedenfalls aber kommt es auf die grössere oder geringere Beanlagung und Fertigkeit des einzelnen Dichters nicht minder an, wie auf die Zeit, in der er lebt, besonders wenn es sich nur um einen kurzen Zwischenraum von höchstens fünfzig Jahren handelt. Ausserdem aber ist auch noch zu bemerken, dass das Wortspiel Meraugis' (p. 194, 3—7) mit dem Namen *L'Outredouté* im Durmart sein Analogon hat in *Tristans qui onques ne rist* (v. 8512); das Wortspiel *garder* mit *regarder* aber Meraugis p. 52, 19—25 können wir in Parallele stellen mit Durmart v. 14873—14878 *sembler — resembler*. Wenn wir nun auch Raouls dichterische Kunstfertigkeit vielleicht nicht so hoch schätzen, wie die des Verfassers des Durmart, so gebührt ihm doch das Lob grösserer Selbstständigkeit in der Erfindung seines Stoffes, und mit Recht sagt Michelant (Ausg. Vorrede p. XIII): »En puisant dans ce fonds commun d'aventures dites de la Table Ronde, Raoul leur a donné le tour propre à son imagination.«

II.

Nachdem wir im ersten Abschnitte unserer Untersuchung das Verhältnis des Meraugis de Portlesguez zu Durmart darzulegen bestrebt waren, kommen wir nunmehr dazu, den direkten Einfluss Chrestiens auf letzteres Gedicht nachzuweisen[1]).

Leider musste ich bei dieser Vergleichung auf ein Werk Chrestiens, nämlich auf »Cliges«, da es noch nicht im Drucke erschienen ist, von vornherein verzichten, und war ich auf die Inhaltsangabe desselben bei Holland[2]) und in der Hist. lit. de France XV. beschränkt.

Somit berücksichtigt unsere Unsersuchung vorzüglich folgende Werke Chrestiens: 1) Perceval le Galois ou conte del Graal[3]), 2) Chevalier au lyon[4]), 3) Erec und Enide[5]), 4) Lancelot ou le chevalier de la charette[6]), 5) Guillaume d'Engleterre[7]).

Wenn wir nun auf die Vergleichung Durmarts mit den einzelnen genannten Werken Chrestiens eingehen, so können wir gleich vorausschicken, dass von einer wirklichen Nachahmung schlechthin nicht die Rede sein kann; eine Benutzung der letzteren durch den Verfasser des ersteren in der Weise, wie wir sie in Betreff des Meraugis nachgewiesen haben, lässt sich keineswegs annehmen. Dass aber unser Verfasser wenigstens

---

1) Vgl. oben Einleitung.
2) Holland, »Chrestien de Troies.« Tübingen 1854. Potvin, Bibliogr. de Chrestien.
3) Potvin, »Percev. le gallois«. 6 vols. Mons 1865—72.
4) Ausg. Holland. 2. Auflage, Hannover 1880.
5) Ausg. E. Becker, Haupts Zeitschr. X.
6) Ausg. a) Tarbé, b) Jonkboet.
7) Ausg. in d. Chroniques Anglo-Normandes III, p. 39—172, p. p. F. Michel.

einen Theil der Chrestienschen Werke gekannt haben muss, kann nicht geleugnet werden; denn die Einzel-Entlehnungen sind zu zahlreich und einige derselben zu auffallend, als dass sie auf blossem Zufalle beruhen könnten und deshalb einen Zweifel in Betreff unserer Annahme zuliessen. Jedoch müssen wir auch hier wieder die Beschränkung hinzufügen, dass in Bezug auf Tendenz, Disposition und äussere technische Anlage keine besonders auffallende Berührungspunkte zwischen Durmart und den Gedichten Chrestiens zu bemerken sind. Eine theilweise Ausnahme dürfte der Perceval bilden, insofern die Tendenz und Disposition desselben, — letztere allerdings nur eine sehr geringe — Uebereinstimmung mit Durmart zeigen. Da der Perceval auch im Uebrigen die meisten Berührungspunkte mit Durmart aufweist, wollen wir ihn an erster Stelle behandeln.

Theil I.
Perceval.

Die Tendenz des Perceval ist im grossen Ganzen dieselbe, wie die des Durmart. Auch die Art, wie sie in beiden Gedichten zur Veranschaulichung gebracht wird, ist in ihren Hauptzügen eine übereinstimmende[1]), in der Ausführung im Einzelnen aber weichen beide Dichter sehr von einander ab.

Beinahe dasselbe können wir auch von der Disposition des Perceval sagen.

Uebereinstimmend finden wir auch hier, wie im Durmart, die Theilung des Ganzen in drei Hauptabschnitte, die sich sofort deutlich von einander unterscheiden lassen. Was uns indes hierbei besonders an eine Verwandtschaft beider Gedichte denken lässt, ist nicht sowohl die blosse Dreitheilung als vielmehr der Umstand, dass die einzelnen Theile des Percevals auch inhaltlich den entsprechenden des Durmart im Wesentlichen sehr nahe stehen, wie sich aus einer Gegenüberstellung derselben ergibt.

---

1) Vgl. Abschn. I. Th. I. A.

Den oben angeführten drei Theilen des Durmart[1]) entspricht im Perceval 1) das Suchen und unbewusste Auffinden des Graal, 2) Verlust und erneuertes Suchen des Helden nach demselben, und 3) Auffindung des Graal und Kämpfe Percevals, um ein würdiger Graalritter zu werden. Der einzige Unterschied, der sich bei der Vergleichung der entsprechenden Theile ergibt, ist, dass das mystisch-theologische Element, welches Chrestien im Perceval zum Ausdruck bringt, im Durmart nicht zu finden ist.

In der weiteren Durchführung der Dispostion beider Werke dürften wir kaum Parallelen antreffen, und ist auch bei der Durchsichtigkeit der ferneren Anordnung der einzelnen Theile des Durmart ein weiteres Anlehnen desselben an Perceval, wo sich keine kunstmässige Gliederung der einzelnen Episoden verspüren lässt, nicht gut anzunehmen.

Führen wir nun die einzelnen Punkte aus dem Perceval an, für welche Durmars entsprechende Analoga aufzuweisen scheint. Uebereinstimmungen, denen wir auch in anderen altfranzösischen Romanen begegnen, besonders stereotype Wendungen und Redensarten, müssen hierbei natürlich unberücksichtigt bleiben.

Auffallend ist es, dass sich die meisten Punkte, die wir als Uebereinstimmungen des Durmart mit dem Perceval bezeichnen können, im letzten Drittel des Perceval vorfinden.

Folgen wir in der Anordnung dem Verlaufe der Handlung im Perceval, so scheint 1) zunächst Perc. v. 24354 ff. ein Analogon zu Durmart v. 2987 ff. zu bieten. Wenn wir auch vielleicht aus einer Vergleichung beider Stellen nicht sofort ersehen können, dass der Verfasser des Durmart sie aus dem Perceval entlehnt habe, so dürften doch die weiteren Verse des letzteren, nämlich v. 24480 ff., die an Durmart v. 1900 ff. anklingen, eher dazu führen. Perceval trifft nämlich im Walde die *bel inconnue*, auf deren Beschreibung der Dichter auffallend grosse

---
[1] Vgl. Abschn. I. Th. L B.

Sorgfalt verwandt hat, während er überall sonst die weibliche Schönheit nur mit einigen Worten berührt, meist nur mit den stehenden Wendungen: *»qui de molt grant biauté estoit«* oder *»molt estoit avenans et bele«* und *»c'onques si bele ne fu veue«* etc. Auch Durmars trifft im Walde seine Geliebte, die Königin von Irland, ohne sie zu kennen. Die Schönheit derselben ist von dem Dichter nicht minder sorgfältig beschrieben, wie die der *bel inconnue* von Chrestien. Es kann nicht so sehr Wunder nehmen, dass beide Gedichte bei dieser Beschreibung auch in einem Verse (Perc. v. 24499 — Dur. 1929) beinahe wörtlich übereinstimmen, was uns vielmehr Entlehnung aus dem Perceval wahrscheinlich macht, ist der Umstand, dass der Verfasser des Durmart auf das Unbekanntsein der Dame gegenüber dem Helden solchen Nachdruck legt.

2) Eine fernere weniger zweifelhafte Entlehnung dürfte Durmars v. 3055 ff. bieten, die augenscheinlich an Perceval v. 27006 ff. und v. 33033 ff. anklingt. In beiden Gedichten findet nämlich der Held an den erwähnten Stellen mitten im Walde ein rothes Zelt, in welchem er eine Jungfrau sitzen sieht. Die Lage des Zeltes, sowie die Beschreibung seiner äusseren Erscheinung und inneren Einrichtung ist in beiden Gedichten auffallend ähnlich. Nur fehlt an den genannten Stellen des Perceval die Fontaine, die im Durmart angeführt ist. Diese Abweichung könnte vielleicht in Betreff der Verwandtschaft beider Stellen einiges Bedenken erregen, wenn nicht die Fontaine an mehreren verwandten Stellen des Perceval erwähnt würde. Ausser an den oben angeführten Stellen (Perceval v. 27006 u. v. 33033 ff.) wird das rothe Zelt noch erwähnt v. 1860—1870, v. 12012 ff., v. 16950 ff., v. 41110 ff. Die Fontaine findet sich sowohl bei der Beschreibung von Brandelis' Zelte, in welches Gawain eintritt v. 12012 ff. als auch an der letzten Stelle v. 41110 ff. An allen diesen Stellen des Perceval stimmt die Beschreibung des Zeltes im Wesentlichen mit der des Durmart überein, nur ist sie an den vier zuletzt erwähnten viel kürzer gehalten.

Bei genauerer Vergleichung werden wir zu der Vermuthung gezwungen, dass der Verfasser des Durmart sich im grossen Ganzen an Percev. v. 27006 und v. 33033 ff. gehalten, daneben aber die übrigen Stellen ebenfalls berücksichtigt hat. Für ersteres spricht die Uebereinstimmung in der Lage des Zeltes und in der Beschreibung der einzelnen Theile in demselben ebenso wie die Handlung, die sich innerhalb desselben abspielt, für letzteres besonders die Erwähnung der Quelle bei dem Zelte, sodann die treffliche Bewirthung, die dem Helden (Perc. v. 12012) zu Theil wird und endlich der Umstand, dass die Dame des Zeltes einen Ritter zurückerwartet (Perc. v. 41110).

3) Als eine weitere Entlehnung aus dem Perceval ist auch (Durmars v. 1507 und v. 15555 ff.) das Wunder des Lichterbaumes zu betrachten. Im Perceval ist mehrfach von einer wunderbaren Erscheinung die Rede. So erblickt zunächst der König Carados eine solche im Walde (v. 15442 ff.): »*Si voit une molt grant clarté Qui parmi la foriest venoit Tout droit vers lui a grant esploit*«. Eine ähnliche Erscheinung hat auch Perceval (v. 27887 ff.), bei welcher Gelegenheit der Unerschrockenheit des Helden besonders Erwähnung gethan wird (v. 27912): »*Et si n'iest mie en grant esfroi Ne n'ot paour de nule rien*«, womit wir Durmart v. 1519 ff. in Verbindung bringen können, wo es von dem Helden in ähnlicher Situation heisst: »*Mesire Durmars s'aresta Qui cele merveille esgarda, Mais il n'ot pas le cuer esmarbre*«. In dem Chrestien'schen Werke v. 34405 ff. endlich sieht Perceval das Wunder des Lichterbaumes, v. 34767 ff. erfährt er auch die Deutung der ganzen Erscheinung. Alle Einzelheiten derselben finden wir genau an den angeführten Stellen des Durmart wieder und auch die Erklärung und Auslegung des Wunders ist hier im Grunde genommen dieselbe wie dort[1]). Diese Erscheinung des Lichterbaumes kehrt auch im »Chev. au lyon« wieder[2]), worauf wir unten zurückkommen werden[3])

---

1) Vgl. Fauriel: Hist. de la poésie prov. I. p, 262—268.
2) Vgl. Stengel, Ausg. p. 502.
3) Vgl. Chroniques Anglonorm. III. 42, 16 ff., 44, 3 ff., 47, 14 ff.

(Abschn. II. Th. II.). Es ist oben angedeutet worden, dass der Roman de Durmart im Verhältnis zu anderen Artusromanen nur sehr wenig Wunderbares enthält, was seinen Grund, wie Professor Stengel schon in seiner Ausgabe p. 513 bemerkt, in dem Streben des Dichters nach Verwahrscheinlichung hat und eben dies Wunderbare scheint vollständig auf dem Einflusse Chrestiens zu beruhen. Ausser dem Wunder des Lichterbaumes ist nämlich im Durmart nur noch eine verwandte Erscheinung zu vermerken.

4) Es ist dies das seltsame Abenteuer Durmarts mit dem Zauberstuhle (v. 9504), das sein Analogon in dem gefährlichen Bette des Conte del Graal hat, auf welches sich Gawain setzt (Perc. v. 9195 ff.)[1]). Auch die Situation ist in beiden Gedichten ziemlich dieselbe. Der Begleiter Gawains sucht den Helden von dem gefährlichen Bette fern zu halten (v. 9170 ff.), ebenso wie Kex Durmart vor dem verderbenbringenden Stuhle warnt. Trotz der Warnung aber unternehmen beide Helden das Wagnis, dessen Folgen allerdings verschieden sind. Dies kann jedoch nicht befremden, indem jeder der Dichter diese Scene dem ferneren Verlaufe seines Werkes und dem späteren Geschicke seines Helden entsprechend darstellen musste.

5) Weiterhin können wir kurz darauf hinweisen, dass im Perceval v. 26867, v. 36553, v. 41394 ein *chastiaux as puceles* erwähnt wird, ebenso wie Durmars (v. 6112) in einem solchen einige Tage verweilt[2]).

6) Wenn wir ferner eine Episode im Durmart eingehender verfolgen, die der Verfasser desselben mit sichtlichem Wohlgefallen ausgeführt und mit auffallender Breite und Weitschweifigkeit behandelt hat, nämlich die Schilderung des Tourniers am Hofe des Königs Artus (Dur. v. 6969—8739), so werden wir uns sofort erinnern, dass dieselbe in ihren Hauptzügen auch im Perceval schon gegeben ist (Perc. v. 29165 ff. u. v. 43775).

---
1) Vgl. Potvin, VI. 171, 220; Chev. as II. espees, v. 1445, 1653, 2195; Huon de Bordeaux p. 126 (Zauberschale).
2) Vgl. oben Abschn. I. Theil I. D.

Wenn auch die Uebereinstimmung der Namen bei Aufzählung der Artusritter, womit die Beschreibung des Tourniers von beiden Dichtern eingeleitet wird, nicht ohne Weiteres als eine Entlehnung aus dem Perceval anzusehen ist, da sich dieselbe auch in anderen Romanen[1]) in ähnlicher Weise findet, so kommt doch die Angabe der Namen im Durmart der im Perceval am nächsten. Auch scheint die Erwähnung des Perceval im Durmart bei dieser Gelegenheit (v. 8446) für Anlehnung an Perceval zu sprechen, welche wir kaum mehr bezweifeln können, wenn wir den Gedankengang der Tournier-Schilderung in beiden Gedichten verfolgen.

Im Perceval kommt der Held als Unbekannter zu dem von König Artus ausgeschriebenen Tourniere, kämpft zur Bewunderung aller Zuschauer und erringt den Preis des Sieges. Artus bittet nun Kex und Gawain um Auskunft über den fremden Ritter und gibt den Befehl, ihn zu ihm zu bringen. Niemand aber vermag ihn zu finden, indem derselbe sich mittlerweile schon entfernt hat.

Aehnlich verhält es sich im Durmart. Auch Durmars kommt zu dem von Artus anberaumten Tourniere, kämpft zur Bewunderung der zuschauenden Damen und Ritter, die ihm einstimmig den Preis des Tages zuerkennen, ohne zu wissen, wer er ist. König Artus, der ihn gerne kennen lernte, fragt bei seiner Umgebung, wer der Ritter sei, und da diese ihm keine Kunde geben können, lässt er Geogenant, der Durmart begleitet hat, zu sich kommen, um ihn über jenen auszuforschen. Sodann schickt er nach dem Helden, der aber nirgends mehr zu finden ist, indem er bereits wieder auf die Suche nach seiner Geliebten gezogen ist.

Eine Aehnlichkeit in vorstehendem Gedankengange beider Gedichte ist schwerlich zu leugnen. Daher dürfen wir auch einzelne Kampfscenen, die sich in ihren Hauptmomenten vollständig decken, hervorheben.

---
1) Vgl. Erec v. 1923-1996; Desc. v. 81-51 u. v. 5369-5466 vgl. oben p. 52.

7) So erinnert die Belagerung der Königin im Durmart (v. 10415 ff.) lebhaft an Perceval (v. 2980—3860). In letzterem gelangt der Held auf seinem Abenteuerzuge durch ein gänzlich verwüstetes Land, dessen Städte zerstört sind, endlich nach Beau Repaire, das gerade von einem Feinde belagert wird. Perceval nimmt sich der Belagerten an. Es finden zahlreiche Zweikämpfe statt, an denen unser Held regen Antheil nimmt. Er bleibt stets Sieger und schliesslich gelingt es ihm, die Feinde zu vertreiben.

Aehnlich, nur bei weitem mehr ausgeschmückt, finden wir dieselben Einzelheiten im Durmart wieder (v. 10415 ff.).

Noch frappanter ist die Aehnlichkeit in einer anderen Kampfscene, nämlich 8) Durmars v. 4572 ff., die sich geradeso, nur mit Veränderung der Namen der handelnden Personen im Perceval v. 33005 ff. findet.

An ersterer Stelle zwingt nämlich Durmars durch einen Zweikampf Brun von Morois, dem Könige Artus die geraubte Gemahlin Andelise zurückzuschicken. An letzterer kämpft Gawain mit Brun de la Lande, weil derselbe dem *pensif chevalier* die Geliebte geraubt hat. Auch hier ist der Ausgang des Kampfes derselbe wie oben. Auch dass der Name des besiegten Ritters bei beiden Dichtern »Bruns« ist, scheint auf Entlehnung zu deuten.

9) Einzelne verwandte Züge zeigt auch (Durmars v. 10262 —10306) die Kampfscene Durmarts mit dem grünen Ritter mit Perceval v. 11305 ff. Durmars, von dem grünen Ritter an Artus Hofe zum Zweikampfe herausgefordert, kämpft mit diesem auf das erbittertste, ohne jedoch den Streit zur Entscheidung bringen zu können. Da tritt die Begleiterin des grünen Ritters zu König Artus und bittet ihn, dem Kampfe der Helden Einhalt zu gebieten. So endet der Kampf für beide Ritter günstig.

An der erwähnten Stelle des Perceval kommt Gawain vor das *chastel perilleus*, wohin sich auch Artus mit seinem Gefolge begeben hatte. Dort wird Gawain von einem Ritter Giromelant zum Zweikampfe herausgefordert. Der Kampf entspinnt sich aufs heftigste, beide Ritter scheinen unbesiegbar, da tritt die Nichte des Königs Artus hervor und bittet jenen, die Streitenden zu trennen. Dies geschieht und es ist auch hier das Resultat für beide Helden ein günstiges. Ein ähnlicher Zug kehrt im Perceval v. 39380 ff. nochmal wieder, nur ist es hier umgekehrt Artus und seine Gemahlin, die sich herbeilassen, jene Bitte an die Jungfrau auszusprechen, welche den Kampf Gawains mit Kex verlangt hat.

10) Auch dieser Kampf Gawains mit Kex selbst hat im Durmart nicht blos sein Analogon, er scheint vielmehr von dem Verfasser des letzteren einfach herübergenommen zu sein. Nur hat er die eine Scene zu zweien erweitert (Dur. v. 13054—13095 und v. 13773—13802). Die Handlung sowohl wie die Personen sind dieselben; denn in beiden Gedichten ist es Gawain, der mit Kex kämpft, in beiden wird Kex verwundet und auf Artus' Befehl der sorgsamsten Pflege der Aerzte anempfohlen, in beiden untersuchen die Aerzte die Wunde genau und versprechen baldige Heilung derselben.

Dass die Person des Kex sowohl im Durmart (v. 7590 ff., v. 13323 ff.) wie im Perceval (v. 16493, v. 18630, v. 19700 etc.) als Zielscheibe des Witzes gelten muss, kann ebenso wenig als eine besondere Uebereinstimmung angeführt werden, als dass er von beiden Dichtern mehrfach als *maistre d'ostel* mit besonderem Lobe ausgezeichnet wird (vgl. Dur. v. 9794, v. 9943 ff. — Perc. v. 11783, v. 42662 ff.), da dies in den meisten Romanen des Artussagenkreises wiederkehrt. Ebenso lässt sich auch vielleicht bestreiten, dass Durmars v. 4455 ff. und v. 9385—9463 eine Entlehnung aus Perceval v. 44389 ff. sei[1]).

11) Mit mehr Wahrscheinlichkeit dürfte Durmars v. 3253 ff. einen aus Perceval entlehnten Zug aufweisen. Im Perceval ist nämlich mehrfach davon die Rede, dass einem Ritter sein Pferd

---

1) Vgl. Schulz: Das höf. Leben zur Zeit der Minnesinger, p. 21 ff. Jonckbloeth: Einleitung z. Lancelot, p. LIX.

gestohlen wird. So nimmt (Perceval v. 8432) der Ritter Urgan Gawain sein Pferd weg, und Perc. v. 36140 ff. verfolgt Sagremors *un chevalier qui lui avoit pris son cheval, il se bat avec lui dans son chateau*. Diese wiederholten Scenen hat der Dichter des Durmart nicht ungeschickt dadurch in eine einzige gebracht, dass er einem Ritter Fel de la Garde die üble Gewohnheit beilegt, fremden Rittern ihr Pferd wegzunehmen. Obschon dieser Zug auch sonst noch zu treffen ist[1]), dürfen wir doch als wahrscheinlich annehmen, dass der Verfasser des Durmart ihn dem Perceval entnommen hat.

12) Unzweifelhaft auf den Einfluss Chrestiens zurückzuführen ist die im Durmart v. 1888 ff. geschilderte Scene. Nicht blos, dass die Situation hier ziemlich dieselbe ist wie Perc. v. 18785 ff., auch die Beschreibung der äusseren Erscheinung der Jungfrau und ihres Begleiters stimmt in einzelnen Versen beinahe wörtlich überein. Von der Ersteren heisst es im Durmart v. 1890 ff.: »*Sor I blanc palefroi seoit*«, v. 1894: »*Une corgie en sa main tient*«. Von dem Ritter wird besonders die auffallende Grösse erwähnt v. 1829: »*Mais li chevaliers ert si grans Por un poi q'il n'estoit gaans*«, v. 1835: »*Onque mais si grant chevalier Ne vit nus hom al mien quidier*«. Ebenso reitet auch die *damoisele* im Perc. v. 18789: »*Sor un blanc palefroi morois*«, v. 18797: »*En sa main ot une corgie*«, und den Ritter schildert der Dichter mit den Worten v. 18735 ff.: »*Ains mais nus si grans chevaliers Ne fu veus ne ainsi fiers*«. Auch das Benehmen des grossen Ritters ist in beiden Erzählungen ein ähnliches. Im Durmart (v. 1854 ff.) antwortet derselbe auf die Frage des Helden trotzig, er sei nicht sein Bote, und wenn er ihn nicht vorher gegrüsst hätte, würde er ihm für seine dreiste Frage den Kopf spalten. Im Perceval (v. 18748) hält derselbe es nicht einmal der Mühe werth, den Gruss Gawains zu erwiedern. Die fernere Uebereinstimmung, dass sowohl Durmars wie Gawains wegen des verletzenden Benehmens des Ritters erzürnt werden, kann nicht Wunder nehmen.

---

1) Potvin VI. 217, 16; Merangis p. 62, Garin de Monglane.

13) Noch einen Punkt endlich können wir als eine Entlehnung aus dem Perceval betrachten. Es begegnet uns derselbe Durmars v. 1739 ff. und erinnert an Perceval v. 22568 ff. sowie v. 29924 ff.

An der ersterwähnten Stelle des Perceval erhält der Held von dem Fräulein, das ihm den Auftrag gibt, ihr den Kopf des *blanc cerf* zu bringen, einen *brachet*, der ihn auf die richtige Fährte führen werde.

An der zweiten Stelle vernimmt Perceval eine Stimme, die ihm den Rath gibt, der Spur des Hundes, den er von der Jungfrau erhalten, zu folgen, so werde er sein Ziel erreichen, d. h. nach der Graalstadt gelangen.

Durmars erhält von einem Ritter, den er besiegt, einen Hund mit dem Bedeuten, demselben immer zu folgen, so werde er seine Geliebte finden[1]). Wie Perceval mit Hülfe des Hundes den Hirsch wirklich auffindet, so auch Durmars die Königin von Irland. Obschon dieser Zug auch in anderen Romanen anzutreffen ist, so veranlasst uns doch die mehr abweichende Darstellungsweise derselben, für Durmart die Quelle im Perceval zu suchen.

Aus den angeführten mannigfachen Zügen und Punkten, die Durmars mit Perceval gemeinsam hat, dürfte wohl unzweifelhaft hervorgehen, dass der Verfasser des ersteren das Chrestiensche Werk gekannt und jene Züge demselben entlehnt haben muss.

Theil II.

Le chevalier au lyon.

Wenn die zahlreichen Berührungspunkte des Durmart mit dem Perceval es ausser Zweifel setzen, dass der Verfasser des ersteren letzteren gekannt und benutzt hat, so können wir ein Gleiches in Bezug auf den *chevalier au lyon* keineswegs sagen; denn erstens gibt es nur sehr wenige Punkte im Durmart, die

---

1) Desconnu v. 1260 ff.; Garin de Monglane fol. 10 c. 28 ff.

wir versucht sein könnten als Analoga zu ihm zu betrachten, und zweitens ist die Verwandtschaft derselben eine so schwache, dass an eine Entlehnung gar nicht zu denken ist. Ueberdies macht es der Grundgedanke des Chev. au lyon, der mit den übrigen Werken Chrestiens nichts gemein hat, a priori wahrscheinlich, dass der Verfasser des Durmart jenes Werk für sein Gedicht, dessen Grundgedanke mit dem der anderen Gedichte Chrestiens immerhin eine grössere oder geringere Verwandtschaft zeigt, zur Nachahmung nur wenig geeignet finden konnte.

Der Vollständigkeit halber wollen wir die einzelnen Stellen des Durmart, die eine wenn auch nur entfernte Aehnlichkeit mit dem *Chevalier au lyon* aufweisen, anführen.

1) Zunächst wäre hier Durmars v. 1890 ff. mit *Chev. au lyon* v. 1493 ff. in Parallele zu bringen. Eine Vergleichung der entsprechenden Verse ergibt aber sofort, dass die Verwandtschaft nur eine sehr vage ist. Zudem bleibt noch zu erwägen, dass eine Beschreibung ein und desselben Gegenstandes, hier in unserem Falle der weiblichen Schönheit, immerhin unter gleichen Umständen mehr oder minder übereinstimmen muss, weshalb auf eine solche Uebereinstimmung nie besonderes Gewicht gelegt werden darf. Was aber eine Entlehnung aus dem *Chev. au lyon* in diesem Punkte noch zweifelhafter macht, ist der Umstand, dass sich eine ähnliche Beschreibung schon im Perceval[1]) vorfindet.

2) Noch weniger ist bei den Versen v. 14568 ff. des Durmart, die einen verwandten Gedanken enthalten wie *Chev. au lyon* v. 2828 ff., an Entlehnung zu denken; denn der Grund, weshalb der Jäger vor Durmart erschrickt, ist doch ein ganz verschiedener von dem, weshalb der Eremit vor Ywain die Flucht ergreift.

Ebenso geringe Verwandschaft zeigt *Chev. au lyon* v. 2340 —2347 mit einer Stelle des Durmart, die Holland in seiner Ausgabe des ersteren p. 98 z. v. 2340 ff. anführt.

---

1) Vgl. Abschn. II. Th. I. 12.

4) Auch die Entführung der Gemahlin des Königs Artus wird wie im Durmart so auch im *Chev. au lyon* v. 3700 ff. erwähnt. Aber auch hier scheint keine Entlehnung aus letzterem vorzuliegen, da derselbe Zug, nur weit ausführlicher behandelt, im Perceval anzutreffen ist. Schon die kurze, flüchtige Erwähnung derselben im *Chev. au lyon* deutet auf eine blose Reminiscenz Chrestiens aus jenem Gedicht.

5) Ganz Aehnliches lässt sich in Betreff der Uebereinstimmung zweier weiteren Fälle einwenden, weshalb wir sie blos verzeichnen wollen, nämlich *Chev. au lyon* v. 4080 ff. und v. 5170 ff., die an Durmart v. 1760 ff. und v. 5786 ff. in einzelnen Zügen erinnern.

Es dürfte nicht schwer sein, in beiden Gedichten noch einzelne verwandte Gedanken zu finden, deren Uebereinstimmung aber ihrer Einfachheit sowie der ganz verschiedenen Art ihrer Einkleidung wegen eher auf Zufall beruhen kann. In dieser Beziehung liessen sich Durmars 1 ff., 5135 ff. und 10276 ff. mit 150 ff., 3485 ff. und 6175 ff. des *Chev. au lyon* zusammenstellen.

6) Nur eine Episode des Durmart können wir schliesslich vermerken, die einige übereinstimmende Züge mit einer entsprechenden des *Chev. au lyon* aufweist, ohne ein Analogon im Perceval zu haben, nämlich *Chev. au lyon* v. 5990 ff. und Durm. v. 13888. Auffallender Weise findet sich aber eine ähnliche Scene mit denselben Zügen im Meraugis[1]). Sie wird also jenem entlehnt sein.

Hiernach ist es durchaus unwahrscheinlich, dass der Verfasser des Durmart den *Chev. au lyon* benutzt hat.

Theil III.
Erec und Enide.

Wenn wir dagegen den Erec mit Durmart vergleichen, ergeben sich nicht wenige Berührungspunkte und auf Grund derselben könnten wir leicht versucht sein, eine Benutzung des

---
1) Vgl. Abschn. I. Th. I. D.

Erec seitens des Durmart als feststehend anzusehen. Bei genauerer Prüfung der übereinstimmenden Punkte jedoch und wenn wir Perceval, Meraugis und Desconnu zum Vergleiche herbeiziehen, werden wir eingestehen müssen, dass dies keineswegs so sicher ist. Es ist nämlich auffallend, dass die meisten Berührungspunkte, die Erec mit Durmart zeigt, und gerade diejenigen, die am ersten für eine Benutzung sprechen könnten, sich in ähnlicher Weise in den genannten Werken finden, und zwar in einer Gestalt, die es wahrscheinlicher macht, dass Durmart sie eben jenen Gedichten entlehnt hat.

Nur zwei verwandte Punkte vermochte ich im Erec und Durmart aufzufinden, die nicht in den genannten drei Gedichten oder in einem derselben wiederkehren. Der erste ist Durmars v. 1380 ff., welcher an Erec v. 2671 ff. anklingt.

Dort bittet Jozefens seinen Sohn, Gefährten auf seinen Abenteuerzug mitzunehmen. Dieser aber weigert sich und bittet seinen Vater, sich der zurückbleibenden Genossen anzunehmen und für die Aussöhnung des Seneschals mit seiner Gemahlin Sorge zu tragen. Hier bittet Lac Erec ebenso vor seinem Aufbruche, sich Begleiter mitzunehmen. Auch dieser weist dies Ansinnen von sich und empfiehlt ebenfalls seine früheren Gefährten sowie seine Frau, im Falle er sterben sollte der väterlichen Fürsorge.

Eine Uebereinstimmung des Gedankens lässt sich in Vorstehendem zwar nicht leugnen, aber der Gedanke selbst ist bei der gleichen Situation so natürlich und selbstverständlich, dass er keineswegs von dem Verfasser des einen Gedichtes aus dem anderen entlehnt sein muss.

Der zweite oben erwähnte Punkt ist Durm. v. 547 ff. und Erec v. 2450 ff. zu treffen. Hier ist nämlich davon die Rede, dass Erec sich nach seiner Vermählung mit Enide gar nicht mehr um Ritterthaten kümmert und sich »verliget«, was sowohl seinen Waffengefährten als auch besonders seiner Gattin missfällt. Durch die Thränen der Letzteren aus seiner Thatenlosigkeit aufgeweckt, entschliesst er sich, auf Abenteuer auszuziehen.

Dort versinkt Durmars in Folge der Liebeständelei mit der Frau des Seneschals ebenfalls in Thatenlosigkeit, weshalb er sich den Vorwurf und Tadel sowohl seiner Eltern wie seiner Gefährten zuzieht. Auch er geht endlich in sich und beschliesst, durch hervorragende Thaten das Versäumte nachzuholen.

Obschon auch hier in beiden Gedichten der Gedanke ein ähnlicher ist, beweist doch auch diese Uebereinstimmung nicht, dass Durmars aus dem Erec entlehnt haben muss, denn der Gedanke, dass der Ritter sich aus Liebe zu seiner Dame nicht dem Ritterdienste entziehen dürfe, ist ein in mittelalterlichen Romanen zu häufig wiederkehrender. Freilich ist es sehr wahrscheinlich, dass er gerade durch Erec zu einem so allgemeinen und häufig ausgesprochenen geworden ist, aber schon der Umstand, dass er sozusagen den Knotenpunkt des ganzen Erec bildet, bedingt, dass er nur der Ausdruck einer in jener Zeit gang und geben Anschauung ist.

Da wir schon oben (Abschn. I. Th. II. 7 b. und c.) die Punkte besprochen, die Durmart mit Erec und Desconneu gemeinsam hat, haben wir hier nur noch die anzuführen, welche Parallelen zwischen Durmart, Erec und Perceval bilden.

1) Wir vergleichen zunächst Dur. v. 1775 ff., Erec v. 145 ff., Perc. v. 18785 ff. Ueberall treten eine Jungfrau mit einem Ritter und einem Zwerge auf. Aber bei nur flüchtiger Vergleichung ergibt sich, dass Durmars dem Perceval viel näher steht als dem Erec. Zunächst stimmt in letzterem die Schilderung des Ritters nicht mit der in den beiden anderen Texten, dann ist nichts von einer *corgie* erwähnt, die dort die Jungfrau führt (vgl. Abschn. II. Th. II. 5). 2) In Betreff Durmart v. 1877 ff., Erec v. 396 ff. und Perceval v. 18785 ff. verweise ich auf Abschnitt II. Th. I. 12 und Th. II. 1; 3) wegen der Uebereinstimmung in der Aufzählung der Artusritter, die sich auch Erec v. 1679—1740 u. v. 1923—1996 findet, auf Abschn. II. Th. I. 6; 4) wegen des auch Erec v. 2797 ff. u. v. 2915 ff. anzutreffenden Zuges, dass einem Ritter sein Pferd gestohlen

wird, auf Abschn. II. Th. I. 11; 5) wegen der Sperberepisode auf Abschn. I. Th. II. 7.

Aus unserer Untersuchung ergibt sich daher, dass trotz mannigfacher Analoga Erec schwerlich von Durmart verwerthet worden ist, wenn sich auch ebenso wenig nachweisen lässt, dass er ihm gar nicht bekannt gewesen sei. Hiergegen sprechen schon die Verse des Durmart: »*Mais Erec connois je bien*« etc. sowie v. 8451 ff., die jedenfalls nicht mit Unrecht auf das Chrestiensche Werk bezogen werden.

Theil IV.
Lancelot.

Im Gegensatz zu den negativen Resultaten hinsichtlich des *Chev. au lyon* und Erec könnten wir versucht sein, anzunehmen, dass Durmars dem schwächsten Werke Chrestiens, dem Lancelot, einzelne Züge entlehnt habe. Gerade das Moment (vgl. Stengel, Ausg. p. 502), um welches sich dessen ganze Erzählung dreht, nämlich die Entführung der Königin Ganievre, kehrt im Durmart wieder. Trotzdem aber ist schwerlich an eine Entlehnung aus Lancelot zu denken. Dagegen spricht zweierlei. Erstens ist die Behandlungsweise der Entführungsepisode in beiden Gedichten gänzlich verschieden. Das einzige Uebereinstimmende ist das stolze Auftreten des Ritters. Der ganze Verlauf des Kampfes aber, sowie dessen Folgen weichen vollständig von einander ab. Zweitens zeigt Durmars grössere Verwandtschaft mit Perceval als mit Lancelot (vgl. Abschn. II. Th. II. 8).

Bei einer inhaltlichen Vergleichung beider Gedichte dürfte es erwähnenswerth sein, dass sich in der ersten Hälfte des Lancelot gar keine Berührungspunkte mit Durmart finden. In der zweiten Hälfte können wir allerdings einige entdecken, aber auch hier finden sich dieselben, wie bei Erec, schon im Perceval. Auch hier werden wir daher Entlehnung aus dem Perceval asl wahrscheinlicher betrachten dürfen.

So erinnert Lancelot v. 3500 ff., die Schilderung des Kampfes

Lancelots mit Meleagant um die geraubte Königin, an Durmart v. 4572 ff., wozu Perceval v. 33005 ff. zu vergleichen (Abschn. II. Th. I. 8). Sodann klingt noch Lancelot v. 5775 ff., eine Liste der Artusritter enthaltend, an Durmart v. 6969 ff. an. Doch finden sich von den hier erwähnten Rittern dort nur wenige aufgezählt, und diesen begegnen wir auch im Perceval v. 29165 ff. und v. 43775 (Abschn. II. Th. I. 6).

Nur ein Durmart und Lancelot gemeinsamer Punkt dürfte noch besonderer Erwähnung verdienen, da ich dafür in den Chrestienschen Werken kein weiteres Analogon angetroffen habe. Nachdem Lancelot (v. 5993 ff.) im Tourniere zur Bewunderung aller gekämpft, heisst es, dass die Damen ob seiner heimlichen Abreise sehr betrübt sind, weil jede ihn gerne zum Manne haben möchte. Ebenso sind im Durmart (v. 8901 ff.) die beiden Jungfrauen, um derenwegen das Tournier zwischen den Schlössern Blanches-Mores und Roche-Lande abgehalten wird, so betrübt, als sie Durmarts heimliche Abreise erfahren, dass sie beschliessen, nie zu heirathen. In Betreff dieser Uebereinstimmung ist aber zu bemerken, dass der Gedanke selbst kein so fernliegender ist, dass er uns nöthigte, Entlehnung anzunehmen. Nach dem Gesagten wird man schwerlich eine Benutzung des Lancelot von Seiten des Durmart behaupten wollen.

Durchaus gar keine Verwandtschaft lässt sich für Durmart zu dem Chrestien de Troies kürzlich von P. Meyer (Romania B. VII.) abgesprochenen *Roman du roi Guillaume d'Angleterre* constatiren und im Roman Cliget erinnert, soviel sich aus der Inhaltsangabe ersehen lässt, nur der Name Fenice, den hier die Geliebte des Helden führt, an Durmart.

Aus vorstehender Untersuchung geht also hervor, dass ein directer Einfluss Chrestiens de Troies auf den Roman de Durmart einzig und allein aus dem Perceval nachzuweisen ist.